优化三次分配
助推浙江共同富裕示范区建设研究

童素娟　著

中国农业出版社
北京

作 者 简 介

童素娟，1981年11月生，浙江龙游人，公共管理学博士，副教授、硕士生导师，浙江省人力资源和社会保障科学研究院特约研究员，浙江大学公共政策研究院和人才发展研究院兼职研究员。先后就读于中国农业大学、北京大学、浙江大学。2007年7月至2017年12月就职于浙江省人力资源和社会保障科学研究院。2018年1月至今就职于浙江科技大学经济与管理学院工商管理系。2019年9月至2021年12月为浙江大学经济学院在职博士后，师从金雪军教授。

主持国家自然科学基金项目（71904176）、浙江省自然科学基金项目（LQ19G030002）、浙江省哲学社科规划项目（16ND681810、20ND0013YB、23BMHZ076YB）以及获得中国博士后科学基金项目第68批二等资助（2020M68810）和浙江省博士后择优资助项目二等资助。出版专著《养老金双轨制现状评估及制度改革的实证研究——基于收入再分配效应视角》《人才发展治理：国家治理现代化的重要基石》。在《经济社会体制比较》《改革》《社会保障研究》等期刊公开发表论文20多篇。曾获得第一届中国人才发展论坛二等奖、第二届中国社会保障论坛二等奖和民政部民政政策理论研究二等奖，《更好做好高校科研院所绩效工资总量管理的建议》先后被民建中央和全国政协采纳。曾为浙江省委组织部、省财政厅、省人力社保厅、省民政厅、省国资委、省社科联等单位提供咨政服务，参与撰写《浙江省就业和社会保障发展“十二五”规划》《浙江省人才发展“十三五”规划》以及“十四五”地方人才发展规划。

本书为国家自然科学基金项目（71904176）和浙江省自然科学基金项目（LQ19G030002）的阶段性研究成果，由“浙江科技学院学术专著出版专项资助”项目和浙江大学公共政策研究院资助出版

序　一

共同富裕是社会主义的本质要求，中国式现代化的重要特征，也是人民群众的共同期盼。共同富裕是指在高质量发展的前提下，共享经济发展的成果，其价值理念强调的是发展和共享，既强调做大“蛋糕”，又重视分好“蛋糕”。共同富裕不是搞平均主义，而是要扩大中等收入群体规模，形成橄榄型分配结构。在橄榄型分配结构中，中等收入群体占比最多，低收入和高收入群体均占少数，群体间差距小、利益趋同，需要做的调高和托底的工作少，社会矛盾较小，有利于社会稳定。但是，扩大中等收入人群规模、形成橄榄型分配结构、扎实推进共同富裕，是一项长期的任务。

国内学术界关于收入分配的研究比较成熟，已有大量高质量、高水平的研究成果。随着2021年中共中央、国务院颁布《关于支持浙江高质量发展建设共同富裕示范区的意见》，国内学术界对收入分配和共同富裕的研究又进入了一个新的阶段。童素娟博士的新著《优化三次分配助推浙江共同富裕示范区建设研究》从现实关注出发，从初次分配与共同富裕、再分配与共同富裕、第三次分配与共同富裕的维度，剖析浙江省工资收入分配、新个人所得税改革、养老金并轨改革和慈善捐赠行为等现状与问题，以及对收入分配的影响，提出优化三次分配、助推共同富裕的对策建议，丰富和深化了学术界对于三次分配和共同富裕的认识，也为浙江高质量发展建设共同富裕示范区提供决策参考。首先，本书最大的特点是兼具学术性和实务性，既有理论探索和学术贡献，又贴近政府实务、把脉社会问题。童素娟博士先后在中国农业大学、北京大学、浙江大学接受教育，既受过系统专业的学术训练，又具备良好的科学研究能力。毕业后在浙江省人力社保系统就职十年，这也使得她具备较好的关注现实能力和咨政能力，“把论文写在祖国大地上”，从实践经验中发现问题、解决问题。其次，本书所选取的维度切中要害。该书从初次分配领域的工资收入分配、再分配领域的新个税改革和养老金并轨改革以及第三次分配领域的慈善捐赠行为的维度来分析，应该说是抓住了三次分配的重中之重。工资收入占居民人均可支配收入比重一半以上，是改善民生、实现发展成果由人民共享最重要最直接的方式。个人所得税和养老金制度则是政府重要的收入再分配调节手段，个人所得税是针对在职群体的收入调节，养老金制度是针对退休群体和在职群体之间的收入调节。而慈善捐赠行为是第三次分配的主要组成部分，是实现共同富裕的重要推动力量。再次，本书的研究方法兼顾定性定量。童素娟博士本硕博就读于不同的专业，具备经济学、社会学、管理学等交叉学科视野，可以更好做到定性定量兼顾，多学科研究方法融汇贯通、相互印证补充。在研究中，童素娟博士借鉴合成控制法的思想寻找对照组并构建双重差分模型，创新性地将准自然实验引入养老保险研究领域，从多方利益博弈的视角评估养老金制度改革效果。最后，本书所提出的对策建议可操作性和可落实性较强。对策建议本身并不是亮点，亮点在于本书提出的对策建议是基于实地调研和数据分析得出的，具有较强的可操作性和可落实性，这对于年轻学者来说实属难得。

在本书即将出版之际，我向童素娟博士表示祝贺，并期待这部著作能为学术工作者和政府实务部门提供研究和决策参考，望作者能继续在该领域深耕细作，做出更多更好的研究成果。

邱泽奇

北京大学社会学系教授、长江学者特聘教授

北京大学中国社会与发展研究中心主任

2023 年 10 月

序　二

实现人民对美好生活的向往、推动全体人民共同富裕是我党长期的奋斗目标，而构建初次分配、再分配、第三次分配协调配套的基础性制度安排，是促进共同富裕、实现人民对美好生活向往的重要措施。党的十八大以来，我们党高度重视收入分配问题，着力深化收入分配制度改革，规范收入分配秩序，优化收入分配结构，缩小收入分配差距，收入分配格局明显改善，全体人民共同富裕取得更为明显的实质性进展。在优化收入分配过程中，着力点到底是放在初次分配，还是再分配或第三次分配，这需要我们在实践中不断权衡和思考。初次分配领域公平和效率这对关系需要辩证看待，如果不坚持效率优先，会挫伤其他要素所有者积极性，但如果差距过大，再分配和第三次分配就难以作为。而再分配主要靠政府实施，实现民生目标、社会目标和政治目标，更多强调公平维度的政策作用效果。第三次分配则是基于民众的道德习惯，通过慈善公益方式实现财富从高收入群体向低收入群体的自愿转移，但目前作用仍比较有限。

收入分配在学术界不是陌生的话题，随着以习近平为核心的党中央对共同富裕的重视，学术界对于收入分配和共同富裕的关注度进一步攀升。本书基于以上背景，以工资收入分配、新个税和养老金并轨改革及慈善捐赠行为为例，探讨了初次分配、再分配、第三次分配对共同富裕的影响机制，并提出针对性的对策建议，具有重要的理论和实践意义。

目前初次分配的最主要问题是：劳动者尤其一线员工报酬比例不高，资本扩大社会财富效应偏弱。再分配领域的主要问题是：个税起征点偏低、累进性偏高，大量普通工薪人员成了纳税主体；社会保障收入再分配效应不高，公平性不足与效率不高并存；财政转移支付无法精准识别低收入和弱势群体。而第三次分配领域的主要问题是：相关制度建设尚不完善，动员社会力量参与的激励机制以及社会氛围和群众基础还不强。因此，需要借助三次分配的合力，构建合理的收入分配结构，加快实现共同富裕。本著作在初次分配领域选取工资收入这个视角，通过苏浙沪鲁粤五省份的横向比较，对浙江省工资水平在五省份中进行精准定位，并结合疫情以后的经济社会形势来评估工资收入分配面临的机遇与挑战，最后提出对策建议，站位较高、视野宽广，相信对有关政府部门会有一定的启发。在再分配领域，作者则选择与很多劳动者息息相关的个人所得税制度和养老金制度，通过建构模型与实证分析最新一轮的新个税改革和养老金并轨改革对收入再分配效应产生的影响，探讨改革是否达到预期、解决公平正义的问题，数据翔实、论证充分，对于继续深化个人所得税制度和养老保险制度改革、扎实推进共同富裕具有重要的意义。在第三次分配领域，作者主要从慈善捐赠行为角度切入，分析其影响因素和收入再分配效应，从而优化慈善事业发展环境、提高企业和个人慈善捐赠行为的积极性。

本人对该书的出版向作者表示祝贺，希望该书能给政府部门工作人员以及学术界同仁带来一定的借鉴与启发，也希望有更多的学者投身相关领域研究并贡献真知灼见。

金雪军

浙江省特级专家、浙江大学公共政策研究院执行院长

2024 年 3 月

目　　录

绪　论

党的二十大报告强调："中国式现代化是全体人民共同富裕的现代化。"共同富裕是社会主义的本质要求，中国式现代化的重要特征，也是人民群众的共同期盼。中国共产党百年的收入分配制度演变中始终贯穿共同富裕目标，从毛泽东在新中国成立初期提出共同富裕思想，到邓小平在改革开放时期深刻阐述社会主义本质是共同富裕，再到现今中国特色社会主义新时代习近平提出以人民为中心的发展思想和共享发展理念，我党对共同富裕在理论和实践上不断探索，并为之不懈奋斗。当然，共同富裕不可能一蹴而就，是一个长期的历史过程。优化三次分配是实现共同富裕的关键性和基础性措施，共同富裕则是优化三次分配的终极目标。借助三次分配的合力，构建合理的收入分配结构，是加快实现共同富裕的重要路径。初次分配领域应重点关注完善要素市场体系、提高劳动报酬比例，再分配领域的关注重点是加大税收的调节力度和对低收入群体的转移支付力度，第三次分配领域的关注重点则是优化慈善事业发展环境、提高慈善捐赠行为的积极性。

初次分配是资源和要素配置的过程，应强调市场的决定性作用。主要体现为按劳分配和按要素分配相结合，各生产要素按照在社会主义市场经济中的贡献大小参与分配，其对于经济增长保持在合理的区间具有重要意义。长期以来，我国初次分配"亲资本、重权属、疏劳动"，政府和企业占比较高，劳动所得占比较低；垄断行业所得占比偏高，非垄断行业所得占比偏低；资本所得偏高，劳动所得偏低；高层管理人员收入偏高，基层一线员工收入偏低；农村居民收入水平远远低于城镇居民收入水平①。在人口老龄化和低生育率的共同作用下，劳动年龄人口持续减少，未来初次分配应更侧重以人力资本为中心的资源配置，提高劳动报酬比例，尤其是一线劳动人口的工资收入水平，扭转在

① 郭俊东，《现阶段我国居民收入分配差距扩大的原因及对策建议》，《企业导报》第20期，2012年。

一段时期内长期存在的“资本挤压劳动”现象。

再分配是政府通过税收、转移支付、社会保障、公共服务等形式对初次分配结果进行直接或间接的调节，是推进收入分配公平、促进共同富裕的关键。相较于西方发达国家，我国再分配的调节收入分配功能发挥仍不充分，税收、社会保障、转移支付等政策精准性和调节力度有待加大，个人所得税起征点偏低、累进性偏高，社会保障制度的收入再分配效应不高，财政转移支付无法精准识别低收入和弱势群体，公共服务均等化无法惠及欠发达地区和低收入群体。因此，该领域的改革应侧重综合统筹个人所得税、财产税、消费税等税收比重，降低低收入者的综合税收；不断推进各种社会保障制度整合，缩小不同群体之间的福利差距；通过大数据手段精准识别低收入群体，加大对低收入人口的转移支付力度；加大公共服务均等化方面的投入，尽快消除欠发达地区和低收入人群共享公共服务障碍。

第三次分配是指国民收入分配体系中除初次分配和再分配之外的第三种分配形式，主要是通过慈善捐赠、志愿者行为和企业社会责任等形式，救济、援助和帮扶社会弱势群体，是初次分配和再分配的必要补充，而这个领域最重要的形式就是慈善捐赠。与初次分配市场导向、再分配政府主导相比，第三次分配则是以社会道德和慈善意识为主导，是更高层次的社会分配形式。但由于历史原因，我国第三次分配相关制度建设尚不完善，动员社会力量参与的激励机制以及社会氛围和群众基础还不强，该领域改革的重点是完善相关法律法规，规范慈善捐赠审批制度、准入门槛和监督机制，激发第三次分配的全社会参与意愿。

本书分为三篇，共十章。第一篇：初次分配与共同富裕，以工资收入分配为例（含第一章至第三章）。通过对浙江、上海、江苏、山东、广东五个省份进行横向比较，对浙江省工资收入分配的基本现状进行判断，评估企事业单位工资收入分配的现状与问题，并借鉴德国、法国、日本等发达国家的经验，提出促进浙江省工资收入合理增长的对策建议，供相关部门决策参考。第二篇：再分配与共同富裕，以新个税改革和养老金并轨改革为例（含第四章至第八章）。通过实证分析探讨改革的收入再分配效应，并提出针对性的对策建议。主要探讨两项改革政策在浙江省实施之后，改革的收入再分配效果如何，有没有达到预期的效果，改革后的制度设计是否更加符合公平正义原则。第三篇：第三次分配与共同富裕，以慈善捐赠行为为例（含第九、十章）。分析慈善捐赠行为的影响因素和收入再分配效应，从而更好发挥慈善捐赠的第三次分配作用。

第一篇 初次分配与共同富裕：以工资收入分配为例[①]

收入分配制度是实现共同富裕的重要制度保障，关系到广大人民群众切身利益，是影响经济发展和社会稳定、扎实推进共同富裕的重大问题。工资收入是拉动总收入稳定增长的关键因素，工资收入占居民人均可支配收入比重一半以上。党的十八大以来，以习近平同志为核心的党中央，坚持以人民为中心的发展理念，高度重视工资收入分配工作，出台一系列政策措施，着力提高人民群众的收入水平，共享经济社会发展成果。而浙江作为高质量发展建设共同富裕示范区，工资收入分配制度改革同样取得巨大成就，与经济社会发展相适应的工资收入分配体制机制基本建立，合理有序的工资收入分配秩序基本形成，人民群众工资收入水平不断提高，在改革中获得了实实在在的好处和实惠。

但是，由于国际环境日趋复杂，不稳定性和不确定性明显增加，新冠疫情影响广泛深远，世界经济陷入低迷期，经济全球化遭遇逆流，“十四五”期间浙江工资收入分配制度改革面临诸多挑战，任务仍然十分艰巨。工资合理增长机制受到整体宏观经济增长形势的制约，劳动报酬在初次分配中的比重仍然偏低，中等收入群体在全社会中的比重仍然偏低，以知识价值为导向的收入分配政策仍需完善。因此，要抓住机遇，应对挑战，在危机中育先机，于变局中开新局，深化工资收入分配改革，构建更加公平合理的工资收入分配格局，合理增加劳动报酬，扩大中等收入群体，促进浙江高质量发展建设共同富裕示范区取得更为明显的实质性进展。

稳步提高劳动者工资收入水平，合理提高全社会劳动报酬及其在初次分配

---

① 本篇为2022年浙江省人力资源和社会保障厅重点课题“共同富裕背景下工资收入分配制度研究”（Z2022007）的成果。

中的比重，是浙江省“两个先行”[①] 的必要保证。基于此，按照中国式现代化和浙江省“两个先行”的要求，本研究通过对浙江、上海、江苏、山东、广东五个省份进行横向比较，对浙江省工资收入分配的基本现状进行判断，评估企事业单位工资收入分配的现状与问题，并借鉴德国、法国、日本等发达国家的经验，提出促进浙江省工资收入合理增长的对策建议，供相关部门决策参考。

① 浙江省第十五次党代会报告提出“两个先行”，即中国特色社会主义共同富裕先行和省域现代化先行。

第一章　浙江省工资收入分配的基本现状和机遇挑战

浙江省始终坚持以人民为中心的发展理念，劳动报酬及其在初次分配中的比重稳步提升，高质量发展建设共同富裕示范区扎实开局。

一、浙江省工资收入分配的基本现状判断①

1. 城乡居民收入居全国前列

2022 年浙江省全体居民人均可支配收入 60 302 元，增长 4.8%，仅次于上海、北京，位列全国第三。城乡居民收入分别连续 22 年、38 年居全国省份第一。从结构上看，工资性收入成为拉动总收入稳定增长的主要因素，根据 2022 年相关数据，全省全体居民人均工资性收入为34 177 元，增长 4.1%，对可支配收入增长的贡献率为 49.11%，居四大项收入首位（城镇和农村居民工资性收入占比分别是 53.9%和 57.1%）。在五省（直辖市）中，浙江省工资性收入对可支配收入增长的贡献在中位（表 1 - 1、表 1 - 2）。

表 1 - 1　2020—2022 年浙江省工资性收入及其占比和城镇单位就业人员年人均工资统计

地区	工资性收入（元/人）			地区居民年人均可支配收入（元/人）			工资性收入占人均可支配收入比重（%）		
	2020 年	2021 年	2022 年	2020 年	2021 年	2022 年	2020 年	2021 年	2022 年
全国	17 917.4	19 629	20 590	32 188.8	35 128	36 883	55.7	55.9	55.8
浙江省	30 059	32 821	34 177	52 397	57 541	60 302	57.4	57.0	57.6

① 该部分已经整理成要报《浙沪苏鲁粤五省市劳动报酬比较分析》，被 2022 年《人力社保内参》第 27 期采纳。

（续）

地区	城镇单位就业人员年人均工资（元）			地区人均 GDP（元）		
	2020 年	2021 年		2020 年	2021 年	2022 年
		非私营单位	私营单位			
全国	100 512	106 837	62 884	71 828	80 976	85 698
浙江省	108 645	122 309	69 228	100 620	113 032	118 830

资料来源：数据来自历年国家统计年鉴和统计公报。

表 1-2　2020 年五省（直辖市）工资性收入及其占地区居民人均可支配收入比重比较

地区	工资性收入（元/人）	地区居民年人均可支配收入（元/人）	工资性收入占人均可支配收入比重（%）
	2020 年	2020 年	2020 年
全国	17 917.4	32 188.8	55.7
浙江省	30 059	52 397	57.4
上海市	41 500	72 232	57.5
江苏省	31 168	53 102	58.7
山东省	18 716	32 886	56.9
广东省	27 825	41 029	67.8

资料来源：数据来自历年国家统计年鉴和浙沪苏鲁粤五省（直辖市）统计年鉴的相关统计数据。

2. 居民收入和经济增长基本同步①

2011 年以来，浙江省工资收入总体水平与地区人均 GDP 基本一致，居全国前列。全省居民人均可支配收入实际年均增长（9.7%）高于全省同期人均 GDP 增长（7.7%）。全省城镇单位就业人员工资从 2011 年的 46 660 元增长到 2021 年的 122 309 元，全年全员劳动生产率从 2010 年的 12.6 万元/人增长到 2021 年的 19.0 万元/人，工资增长（年均增长 6.2%）与全省

① 两个同步，一个就是城乡居民收入水平要和经济增长同步，另一个就是劳动者报酬要和生产率提高同步。党的十八大报告提出，“努力实现居民收入增长和经济发展同步、劳动报酬增长和劳动生产率提高同步，提高居民收入在国民收入分配中的比重，提高劳动报酬在初次分配中的比重”。

同期全员劳动生产率增长（年均增长 6.7%）基本同步。在五省（直辖市）中，浙江省城镇单位就业人员年人均工资位居中游，2020 年浙江省城镇单位就业人员年人均工资 108 645 元，处于五省（直辖市）中的第三位（表 1-3）。

表 1-3　2011—2020 年五省（直辖市）城镇单位就业人员年人均工资和人均 GDP 比较

年份	城镇单位就业人员年人均工资（元）						地区人均 GDP（元）					
	全国	浙江省	上海市	江苏省	山东省	广东省	全国	浙江省	上海市	江苏省	山东省	广东省
2011	42 452	46 660	75 591	45 487	45 060	45 152	36 277	57 828	85 900	61 464	40 581	50 076
2012	47 593	50 813	78 673	50 639	50 278	50 577	39 771	61 097	89 600	66 533	44 348	52 308
2013	52 388	56 571	90 908	57 177	53 318	53 611	43 497	65 105	95 700	72 768	48 673	56 029
2014	57 361	61 572	100 251	60 867	59 481	59 827	46 912	68 569	102 800	78 711	51 933	59 909
2015	63 241	66 668	109 174	66 196	65 788	66 296	49 922	73 276	109 200	85 871	56 205	64 516
2016	68 993	73 326	119 935	71 574	72 326	72 848	53 783	78 384	121 400	92 658	59 239	69 671
2017	76 121	80 750	129 795	78 267	79 183	80 020	59 592	85 612	133 500	102 202	62 993	76 218
2018	84 744	88 883	140 400	84 688	88 636	89 826	65 534	93 230	145 800	110 508	66 284	81 625
2019	93 383	99 654	149 377	96 527	98 889	100 689	70 078	98 770	153 300	116 650	69 901	86 956
2020	100 512	108 645	171 884	103 621	108 045	110 324	71 828	100 620	155 800	121 231	72 151	88 521
2021	—	—	—	—	—	—	80 976	113 032	173 630	137 039	81 727	98 285

资料来源：数据来自历年国家统计年鉴和浙沪苏鲁粤五省（直辖市）统计年鉴的相关统计数据。

3. 城乡区域协调发展走在前列

浙江省城乡区域协调发展位居全国前列，全省城乡居民人均可支配收入倍差进一步缩小，从 2011 年的 2.37 缩小到了 2022 年的 1.89，以农村居民工资性收入为代表的各类农村居民收入增长较快，推动了城乡居民收入差距缩小的进程。分区域看，浙江省 11 个地级市城乡居民人均可支配收入倍差基本在 2.0 以下，地区显著差异不大，区域均衡性位于全国前位。从城镇居民人均可支配收入来看，杭州最高 77 043 元，与最低的丽水市 55 784 元之比为 1.38。从农村居民人均可支配收入来看，嘉兴最高 46 276 元，与最低的丽水市 28 470 元之比为 1.63。其均在 2 倍以内，属相对协调（表 1-4）。

表 1-4　2022 年浙江省 11 个地级市城乡居民人均可支配收入倍差情况

地区	城镇居民		农村居民		城乡居民人均可支配收入倍差
	人均可支配收入（元）	增长（%）	人均可支配收入（元）	增长（%）	
浙江省	71 268	4.1	37 565	6.6	1.89
杭州市	77 043	3.1	45 183	5.8	1.71
宁波市	76 690	3.8	45 487	5.9	1.69
温州市	73 326	5.2	38 482	7.4	1.91
湖州市	71 004	4.5	44 112	6.8	1.61
嘉兴市	72 096	3.2	46 276	6.1	1.60
绍兴市	76 199	4.2	45 709	7.2	1.66
金华市	69 626	3.3	35 630	5.7	1.95
衢州市	57 465	5.3	31 468	7.5	1.83
舟山市	71 965	4.1	45 924	6.9	1.57
台州市	70 737	3.9	37 700	6.4	1.88
丽水市	55 784	4.7	28 470	7.9	1.96

资料来源：根据 2022 年浙江省及各市国民经济和社会发展统计公报整理所得。

在五省（直辖市）中，浙江省在各同类省份中城乡居民人均可支配收入倍差是最小的，也是唯一一个城乡居民人均可支配收入倍差小于 2.0 的省份，远低于全国平均水平 2.50。其他省（直辖市）都高于 2.0，由低到高依次为：上海市 2.14，江苏省 2.16，山东省 2.26，广东省 2.46（表 1-5）。

表 1-5　2021 年五省（直辖市）城乡居民人均可支配收入倍差情况

地区	城镇居民人均可支配收入（元）	农村居民人均可支配收入（元）	城乡居民人均可支配收入倍差
全国	47 412	18 931	2.50
浙江省	68 487	35 247	1.94
上海市	82 429	38 521	2.14
江苏省	57 743	26 791	2.16
山东省	47 066	20 794	2.26
广东省	54 854	22 306	2.46

资料来源：根据各省份 2021 年国民经济和社会发展统计公报整理所得。

4. 全社会劳动报酬份额稳步增长

2009年至2019年，浙江省全社会劳动报酬份额稳步攀升，从39.6%上升至49.2%，按照高质量发展建设共同富裕示范区要求，该项指标到2025年要超过50%。在全社会劳动报酬份额上，浙江省位列第二，落后于广东省，超过山东省、江苏省、上海市。但是从2018年开始，上海市反超江苏省，位列第四。由此可见，浙江省在经济社会发展做大"蛋糕"的同时，人民共享发展成果分好"蛋糕"也得到长足进步，为高质量发展建设共同富裕示范区打下坚实基础（表1-6）。

表1-6　2009—2019年五省（直辖市）全社会劳动报酬和全社会劳动报酬份额比较

年份	全社会劳动报酬总额（亿元）					全社会劳动报酬份额（%）				
	浙江省	上海市	江苏省	山东省	广东省	浙江省	上海市	江苏省	山东省	广东省
2009	9 105.37	6 125.68	14 902.32	13 416.60	18 101.70	39.6	38.9	43.2	45.4	45.9
2010	10 788.87	7 018.82	17 542.25	13 505.40	20 691.00	38.9	39.2	42.4	39.8	45.0
2011	13 185.55	8 028.12	21 082.37	15 179.90	24 527.60	40.7	40.1	43.2	38.8	46.2
2012	14 583.69	8 833.02	23 348.97	16 714.00	27 496.00	41.9	41.5	43.5	38.9	48.2
2013	17 898.75	9 852.57	26 353.92	19 205.10	29 956.40	47.4	42.5	44.4	40.6	47.9
2014	18 534.26	10 975.15	29 160.52	21 273.30	32 662.50	46.1	43.4	45.0	41.9	47.9
2015	21 027.28	11 818.17	32 790.96	24 929.60	36 848.20	48.3	44.0	46.0	45.1	49.3
2016	22 669.93	13 213.22	35 490.63	26 516.70	40 626.10	48.0	44.2	45.9	45.1	49.4
2017	25 026.48	14 997.05	39 574.79	29 879.50	45 801.80	47.8	45.5	46.1	47.45	50.0
2018	28 552.75	16 610.26	42 591.24	—	52 351.83	49.2	46.1	45.7	—	52.4
2019	30 720.47	17 527.83	45 224.62	—	56 138.18	49.2	46.1	45.8	—	52.0

资料来源：数据来自历年国家统计年鉴和浙沪苏鲁粤五省（直辖市）统计年鉴的相关统计数据。部分省（直辖市）的全社会劳动报酬份额可以从历年统计年鉴数据直接获取，部分省（直辖市）通过查询劳动报酬总额和全省（直辖市）GDP总量两项数据，然后通过计算公式（劳动报酬份额＝劳动报酬总额/GDP总量）计算得到。

5. 个别行业年平均工资水平有待提高

2020年，按行业分，五省（直辖市）城镇单位就业人员年平均工资排名中，浙江省多数行业排名位于靠前位置，其中，信息传输、软件和信息技术服务业（235 430元）相对优势最为明显，接近第一位的上海市（270 619元），远高于广东省、江苏省和山东省。处于劣势地位的是采矿业（81 803元）和建筑业（66 094元），两者均排在第五位，且低于全国平均水平。值得注意的是，浙江省金融业年平均工资（145 804 元）仅排在第四位，远低于排在第一位的上海市，与广东省、江苏省也有一定差距（表 1－7）。

表 1－7　2020 年五省（直辖市）城镇单位就业人员行业年平均工资比较

单位：元

行业	浙江省排位	浙江省	上海市	江苏省	山东省	广东省	全国
总计	2	108 645	171 884	103 621	87 749	108 045	97 379
农、林、牧、渔业	2	80 641	81 858	52 767	66 966	64 023	48 540
采矿业	5	81 803	306 826	103 964	103 837	175 206	96 674
制造业	3	84 810	137 441	92 049	75 024	83 201	82 783
电力、热力、燃气及水生产和供应业	2	155 978	233 016	152 813	114 740	150 501	116 728
建筑业	5	66 094	128 461	72 042	72 969	77 869	69 986
交通运输、仓储及邮政业	3	110 340	143 897	101 032	94 427	111 495	100 642
信息传输、软件和信息技术服务业	2	235 430	270 619	162 939	105 284	193 867	177 544
批发和零售业	2	104 158	182 212	97 424	67 322	93 402	96 521
住宿和餐饮业	2	54 847	59 260	51 239	46 966	49 427	48 833
金融业	4	145 804	330 125	160 386	93 192	172 070	133 390
房地产业	3	91 873	117 532	87 008	74 682	94 311	83 807
租赁和商务服务业	3	82 139	182 869	76 649	73 711	91 120	92 924
科学研究、技术服务和地质勘查业	2	163 113	217 700	142 558	112 510	159 036	139 851
水利、环境和公共设施管理业	2	85 935	104 121	80 511	45 567	76 933	63 914
居民服务、修理和其他服务业	3	67 141	75 979	75 561	55 092	60 253	60 722
教育	2	141 852	173 073	141 694	106 901	132 286	106 474
卫生、社会保障和社会福利	2	164 473	193 028	140 575	106 272	160 600	115 449
文化、体育和娱乐业	3	125 984	174 370	117 081	96 490	133 576	112 081
公共管理和社会组织	2	167 848	188 371	156 447	101 467	153 490	104 487

资料来源：数据来自历年国家统计年鉴和浙沪苏鲁粤五省（直辖市）统计年鉴的相关统计数据。

另外，当前浙江省工资收入分配主要存在以下几个问题：一是劳动报酬增长不对称。近十年来浙江省经济总量保持了持续较快的增长态势，城乡居民收入增速低于经济总量增速，劳动者报酬相比资本回报在初次分配中的比重偏低。二是工资收入增速放缓可能性增大。受全球新冠疫情影响，当前世界经济下行压力增大，城乡居民工资性收入和人均可支配收入增速放缓可能性增大。到 2025 年，实现“居民人均可支配收入达到 7.5 万元，家庭年可支配收入 10 万～50 万元的群体比例达到 80%、20 万～60 万元的群体比例力争达到 45%”这个目标存在一定的不确定因素。三是不同职业群体收入差异度较大。浙江省各行业中，“信息传输、软件和信息技术服务业”就业人员行业年平均工资最高，为 235 430 元，是最低的行业“住宿和餐饮业”54 847 元的 4.29 倍，也就是高收入行业一年的收入相当于低收入行业 4 年多的收入。四是垄断行业的高收入问题仍没有完全解决。垄断行业凭借垄断资源获取高额利润，部分高管薪酬待遇过高问题仍然没有得到完全解决。五是生产全要素参与分配机制尚未建立健全。劳动、资本、技术、管理等要素如何参与分配，缺乏科学有效的标准。六是政府对工资收入的宏观调控手段有限。严格来说，工资是市场行为，政府直接对企业进行干预的力度有限。

二、浙江省工资收入合理增长面临的机遇与挑战

“十四五”期间，浙江省高质量发展共同富裕示范区建设给工资收入合理增长带来诸多新机遇。但受国际环境日趋复杂，不稳定性和不确定性明显增加，新冠疫情影响广泛深远，世界经济陷入低迷期，经济全球化遭遇逆流等因素影响，浙江省工资收入增长面临诸多制约和挑战。

1. 工资收入合理增长面临的主要机遇

第一，浙江高质量建设共同富裕示范区为优化工资收入分配结构带来机遇。共同富裕不仅是社会发展概念，更是一场以缩小地区差距、城乡差距、收入差距为标志的社会变革。浙江是城乡区域发展均衡、群众富裕、社会活力强、社会秩序优的省份之一。2021 年 5 月中共中央、国务院《关于支持浙江高质量发展建设共同富裕示范区的意见》明确支持鼓励浙江先行探索高质量发展建设共同富裕示范区，明确收入分配制度改革试验区等战略定位。这给浙江带来破除共同富裕体制机制阻碍的机遇，注重提高发展质量效益，缩小不同群体间、不同地区之间的收入分配差距。鼓励勤劳致富，探索稳定和扩大中等收入群体的新机制，充分挖掘低收入人群持续增收潜能，不断做大“蛋糕”，持

续分好“蛋糕”，率先在优化收入分配格局上取得新进展，加快形成一批可复制、可推广的普遍性经验。

第二，浙江创新型省份和科技强省建设为事业单位绩效工资改革带来机遇。21世纪以来，科技创新逐渐成为推动国家治理能力现代化和经济社会发展的关键因素，是衡量一个国家或地区综合竞争力的重要指标。科学技术从来没有像今天这样深刻影响着国家的前途命运。2022年1月25日，科技部、浙江省人民政府印发的《推动高质量发展建设共同富裕示范区科技创新行动方案》提出，到2025年，具有浙江特色的以创新型省份、创新型城市、创新型县（市）和科技园区为重要引擎的全域创新体系基本形成，科技惠及民生发展及创新驱动高质量发展走在全国前列。到2035年，建成高水平创新型省份和科技强省，成为展示新型举国体制优越性的“中国创新之窗”。这为医疗卫生、高校科研院所等事业单位绩效工资改革带来机遇，有助于建立全面激发创新活力、以知识价值为导向的绩效工资制度，破除科技自主创新的体制机制障碍，扭转中国核心技术“卡脖子”的被动局面，抢占世界未来经济科技发展的先机。

第三，数字经济赋能浙江经济发展为劳动要素报酬所占份额增长带来机遇。数字经济是全球新一轮科技革命和产业变革的重要机遇。作为我国经济大省、制造业和互联网产业强省，浙江大力推进数字产业化、产业数字化和治理数字化，坚持不懈把数字经济作为“一号工程”来抓，全省数字经济发展呈现加速壮大的良好态势，数字强省建设成绩显著。2021年，浙江数字经济增加值达到3.57万亿元，居全国第四；数字经济核心产业制造业新产品产值8 768亿元，比上年增长37.3%；全省网络零售额25 230亿元，比上年增长11.6%；跨境电商进出口3 303亿元，比上年增长30.7%；快递服务企业业务收入1 265亿元，比上年增长18.1%：均居全国前列。而数字经济赋能新业态新模式快速发展，有助于抵抗疫情对浙江经济的冲击、摆脱经济周期规律的影响，推动经济发展方式转变、加快新旧动能转换、助力产业结构优化升级，增加劳动生产率、创造新的高质量就业岗位、提高劳动要素报酬所占份额增长。当然，也要加强研究，警惕数字经济的一些负面影响。

第四，山区26县跨越式高质量发展为统筹城乡工资收入增长带来机遇。浙江山区26县与全省的发展水平有差距，如果没有山区的富裕，就谈不上全省共同富裕。按照浙江高质量建设共同富裕示范区的要求，2021年浙江省委、省政府编制了《浙江省山区26县跨越式高质量发展实施方案（2021—2025

年)》，明确加快推动山区 26 县实现跨越式高质量发展，同步推动山区人民走向共同富裕，是浙江省解决发展不平衡不充分问题的关键举措。到 2025 年，山区 26 县经济发展水平明显提升，人均 GDP 超过全省平均的 70%，达到全国平均水平，年均增速达 6.8%；群众生活水平明显提升，城镇、农村居民人均可支配收入超过全省平均的 83%、85%，年均增速分别达到 7%、7.3%。该项举措将为山区 26 县跨越式高质量发展提供强力“助推剂”，群众生活水平有望得到明显提升，也为统筹城乡工资收入增长、缩小城乡收入分配差距带来机遇。

2. 工资收入合理增长面临的主要挑战

第一，世界经济复苏面临更多考验，劳动报酬增长的不稳定性和不确定性明显增加。在“十四五”乃至更长时期，国际环境日趋复杂，新冠疫情影响深远，世界经济复苏乏力，全球失业人员规模骤增，劳动报酬增长的不稳定性和不确定性明显增加。经济发展面临需求收缩、供给冲击、预期转弱三重压力，部分民营企业、中小微企业和出口型企业面临经营困难、效益下滑的风险，政府工资收入分配宏观调控回旋的空间收窄。其中，民营企业、中小微企业、个体工商户受到的影响最大。浙江是民营经济大省，受到的影响和冲击自然不可忽视，旅游业、餐饮业、交通运输业、批发和零售业等行业，以及农民工、就业困难群体、大学生等重点群体就业和劳动报酬获得受到较大影响。

第二，劳动者工资谈判地位处于弱势，劳动报酬议价能力提升难度较大。随着数字劳动平台的进一步发展，以及经济形势不确定带来的失业风险等原因影响，“十四五”乃至更长时期劳动者工资谈判地位仍然处于弱势，劳动报酬议价能力提升难度较大。以人工智能为代表的信息技术发展正在打破劳动、技术、管理等生产要素既有的分配格局，在不断创造新工作岗位的同时也带来工作性质的变化，易于造成工资收入稳定性降低。

第三，通货膨胀和房价上涨相互叠加作用，民众劳动报酬增长的获得感受到削弱。虽然历年工资增长率逐年稳步攀升，城镇职工收入水平有了显著的提高，但是受到物价上涨、通货膨胀和房价上涨等因素影响，工资涨幅给人民群众带来的获得感受到削弱。

第四，新冠疫情导致贫富差距进一步加大，中低收入群体劳动报酬的下降会更加明显。世界银行报告显示，在疫情冲击导致的经济不景气状态下，高收入群体的财富增长主要靠资产性收入，受影响较小。而小企业、工薪阶层、服务业从业人员、农民工等中低收入群体影响更大。因为中低收入群体本身财富积累少，几乎完全依赖工资性收入来维持生活。当市场出现较大危机时，中低收入人群所从事的工作技术含量更低，市场替代性更高，往往会成为企业裁员或降薪的首选对象。

第五，体制机制性障碍仍然存在，工资收入分配制度改革势在必行。首先，城镇化过程中还存在明显的二元经济特征，社保、教育、医疗等公共政策实施在不同地区不同群体中有基础权利差异，影响劳动力的顺畅流动和工资价格的合理形成。其次，体现管理、知识、技术等人力资本要素特点的贡献评价机制尚不完备，企业面临无法对要素贡献合理定价等操作性难题，没有形成体现管理才能、知识价值和技能水平的薪酬分配体系。最后，以集体协商为代表的制度设计在推动劳动者工资增长上效果有限，存在参与协调主体不成熟、集体协商程序不规范、集体合同内容空洞等现象。

第二章 浙江省企事业单位工资收入分配现状评估

自 2006 年事业单位绩效工资制度出台以来，迄今为止国家层面尚未出台一个科学系统的事业单位绩效工资总量管理指导方法。我国事业单位构成复杂、种类较多，涉及教育、科技、文化、卫生等多个领域，各种情况错综复杂，在全面实施事业单位绩效工资制度之前缺乏有效的前期调研和改革试点，对有经济效益和没有经济效益、经济效益好和经济效益差、适合绩效和不适合绩效，缺少科学的制度安排。同时，在事业单位绩效总量核定的实际操作中，中央和地方政府在核定绩效工资总量时，难以照顾教育、科技、文化、卫生等不同领域事业单位的个性化需求，往往参照历史水平进行核定，而后续绩效工资总量调整缺乏依据，历史的绩效工资水平也往往起了决定性的作用。这种状况直接削弱事业单位绩效工资制度设计的初衷，在一定程度上产生了事与愿违的效果，尤其对教育科研类和医疗卫生类这两类事业单位的影响较大。这两类事业单位的人才的共同特点是文化素质高、知识密集型、培养周期长、社会价值大，并不太适合实施现行绩效考核办法，甚至有些突破性科技创新工作无法进行绩效考核。

一、浙江省事业单位工资收入分配现状评估

1. 事业单位绩效工资制度改革的历史回顾

我国事业单位绩效工资制度经历了四次大的改革，包括：1956 年工资制度改革（大一统管理事业单位工资）、1985 年工资制度改革（事业单位特点初步体现）、1993 年工资制度改革（事业单位工资与机关逐步分开）、2006 年工资制度改革（事业单位实施岗位绩效工资）。与历年工资制度改革相比，2006 年事业单位绩效工资制度改革经历了一个较为漫长的过程。主要分三步展开：首先，自 2009 年 1 月 1 日起在义务教育学校实施绩效工资；然后，自 2009 年 10 月 1 日起在疾病预防控制、健康教育、妇幼保健、精神卫生、应急救治、

采供血、卫生监督等基层医疗卫生事业单位实施绩效工资；最后，自2010年1月1日起在其他事业单位实施绩效工资，2014年底全国各省份基本完成事业单位绩效工资的入轨，2016年底中央有关事业单位实施绩效工资，至此事业单位绩效工资在全国全面实施。而就是在2006年这次工资制度改革中，有关文件规定："国家对事业单位绩效工资分配进行总量调控和政策指导。事业单位在核定的绩效工资总量内，按照规范的程序和要求，自主分配。"此次改革的本意是区分机关与事业单位绩效工资制度，赋予事业单位更多的工资自主分配空间，但在实际实施过程中却暴露出了平均主义大锅饭、结构比例过于死板、绩效工资总量管理僵化等问题。

党的十八大以来，以习近平新时代中国特色社会主义思想为指导，我国在落实创新驱动发展战略、实行以增加知识价值为导向的工资政策、建立符合行业特征的薪酬制度等方面不断进行探索，陆续出台了一系列政策文件。主要文件如下：《中共中央　国务院关于深化体制机制改革　加快实施创新驱动发展战略的若干意见》（中发〔2015〕8号）、《中共中央办公厅　国务院办公厅关于实行以增加知识价值为导向分配政策的若干意见》（厅字〔2016〕35号）、《中央级科研事业单位绩效评价暂行办法》（国科发创〔2017〕330号）、《国务院关于优化科研管理提升科研绩效若干措施的通知》（国发〔2018〕25号）、《关于完善事业单位高层次人才工资分配激励机制的指导意见》（人社部发〔2019〕81号）、《关于事业单位科研人员职务科技成果转化现金奖励纳入绩效工资管理有关问题的通知》（人社部发〔2021〕14号）等。

2. 教育科研类事业单位绩效工资制度的问题与对策①

事业单位绩效工资制度是从属于事业单位人事管理的一项制度。2006年事业单位绩效工资制度改革一个重要的目标就是对普遍存在的滥发津补贴现象进行治理，规范事业单位工资分配，缩小不合理的工资收入差距。客观地说，基于当时的认知和当时的条件，2006年事业单位绩效工资制度改革是积极的，成效也是明显的。但是距离2006年工资制度改革已经16个年头，国内外宏观经济社会形势都发生了巨大的变化，现行事业单位绩效工资制度已经不太适合现实需求，积累了较多问题，各方面改革的呼声都比较高。这种单一的工资制度没有体现高校科研院所等科研事业单位的行业特征，工资收入不能体现高校

① 该部分内容已经整理成要报《关于更好推动高校科研院所绩效工资总量管理的建议》，被民建中央和全国政协以内参形式采纳。

科研院所高端人力资本的知识价值。《关于印发事业单位工作人员收入分配制度改革方案的通知》（国人部发〔2006〕56号）规定，国家对事业单位绩效分配进行总量调控和政策指导，标志着事业单位绩效工资总量管理进入全面实施阶段。事业单位实施绩效工资总量管理是公平与效率权衡下的产物，旨在合理调控行业收入差距、避免收入水平过快增长和引导促进事业单位科学发展。然而，鉴于高校科研院所的工作特性，相对固化的绩效工资总量管理在一定程度上产生了事与愿违的效果，绩效工资制度并未改变科研人员收入过低的现状，反而增加科研工作的“内卷化”趋势，大量科研人员不愿意主动投身周期长、见效慢的基础研究，致使大量高校科研院所难以争夺全球科技创新的高地。

（1）高校科研院所绩效工资管理存在的主要问题。从调研了解情况来看，高校科研院所对绩效工资制度反映最集中问题如下：

第一，绩效工资核定总量不足，奖励性绩效工资的调节空间较小。目前高校科研院所的绩效工资分为基础性绩效与奖励性绩效两部分，其中基础性绩效约占60%，奖励性绩效约占40%。由于人社部分对绩效工资总量的核定，受这个“天花板效应”的限制，高校科研院所用于调节收入、激励创新、奖勤罚懒的空间十分有限，最终导致的结果是科研工作高度“内卷化”，单位科研工作量工资收入的下降。当绩效工资总量有限时，科研人员可得到的绩效工资必然存在上限。在达到上限后，科研人员继续增加时间和精力并不能增加个人收入，或者收入的增加是靠占有或剥削其他“跑”得更慢的科研人员的劳动收入份额来完成。这就导致众多科研人员也困在了类似快递员的困局里，“跑”得越来越“快”，考核“标准”越来越高。但是科技创新这种复杂的脑力劳动用这种简单的计件工资形式来计算显然是不合适的。最终的结果是大量科研人员急功近利，不愿意主动投身周期长、见效慢的基础研究，而更愿意做周期短、见效快的科研工作，从而获取更高的科研绩效分，但这无疑对整个国家和民族的科技自主创新不利。

第二，绩效工资总量增幅不够，难以体现收入分配的知识价值导向。高校科研院所是知识技术密集、高层次人才集中的事业单位，但是随着房价水平、物价指数和消费指数的提升，高校科研院所绩效工资总量却难以同步提升，使得科研人员的工资总额幅度远远低于市场预期，比同期人才市场中高端人才的薪酬要低很多，从而导致科研人员参与科技自主创新研发的积极性受挫，高层次科技创新人才流失。另外，绩效工资总量带有计划经济色彩，与高校科研院所科技创新中相机抉择的思维相悖，严重制约高校科研院所的主动性和灵活性，特别是需要面向市场迅速完成科研成果转化的新型研发机构。绩效工资总量管理使得改革前原有的行业间、单位间收入差距被合理化，各地区之间高校科研院所的绩效工资总量以及人均绩效工资标准缺乏可比性，不利于全国科技创新竞争环境与秩序的形成。

第三，绩效工资考核办法细化不够，绩效工资和实际贡献难以平衡。由于专业岗位的复杂性以及长期以来形成的职务职级惯性思维，现有高校科研院所绩效工资体系和绩效考核指标体系并不能完全符合各学科、各专业、各岗位的实际情况，其难点主要在于领导层与基层员工、不同岗位之间以及职务职级之间的考核权重设计和科学评估。目前大部分高校科研院所将所有岗位放在一个绩效工资总量“盘”里分配，但管理岗、专技岗和工勤岗的工作性质、难易程度、人员素质能力要求完全不同，混在一起难以科学评价，也不能科学地反映和体现每个职工的实际贡献，特别是一线科研工作者对自身所创造的社会价值和回报预期相差甚远。如何平衡和协调管理岗、专技岗和工勤岗三类岗位是一个重要而普遍的问题，实践中常常存在分配系数向管理岗倾斜较多的现象，需要设置一个科学合理的分配系数。

第四，绩效工资激励创新不足，以知识价值为导向的分配格局尚未形成。高校科研院所是我国科技创新的重要基础和平台，也是我国高层次科技创新人才的摇篮和集聚地。只有从高校科研院所收入分配激励机制破局，才能更好发展科技自主创新，以科技创新为引领，推动经济高质量发展，从而促进实现共同富裕。高校科研院所现有绩效工资制度未能激励甚至妨碍科技创新的主要原因在于，现有绩效分配无法体现人力资本尤其是知识的价值，难以鼓励高校科研院所自主探索和创新，从市场中获取知识价值的合理评估值。管理部门对基础研究的重视程度不够，对科研工作的周期性和风险性认识不足，常常因为一次失败就全盘否认相关科研工作的价值。

（2）高校科研院所绩效工资管理的政策优化。鉴于高校科研院所的工作性质的特殊性和重要性，针对如何破除相对固化的绩效工资总量管理对科技创新活动的不利影响，真正激发高校科研院所的创新活力，将其打造成争夺全球科技创新的高地，提出如下对策建议：

第一，放开高校科研院所的绩效工资总额管理。政府应该减少行政计划式的直接干预，从微观管理转向宏观管理。参照国有企业绩效工资改革，根据高校科研院所的性质、类型和意愿，逐步下放高校科研院所的绩效工资总量核定权。对市场化程度高、创收能力强的高校科研院所，允许其根据市场水平自主确定绩效工资总量。对市场化程度不高、创收能力不强的高校科研院所，可在原有制度基础上赋予更多的自主权，即根据房价水平、物价水平、市场状况、科研发展需要等灵活调整工资总量。在核定的年度绩效工资总量的基础上，对绩效评价好、公益任务完成好的高校科研院所追加一定额度的绩效工资总量。

第二，推进以知识价值为导向的绩效工资制度。要鼓励高校科研院所自主探索和创新，从市场中获取知识价值的合理评估值。只有让市场自发定价取代政府行政规定，以知识价值为导向收入分配政策才能落到实处。在制定绩效工资分配标准时，应当以是否有利于科技创新、是否有利于提高创新效率为基本准则。绩效工资奖励的重点应是原创性的科研成果，而不是将重复性科研成果尤其学术论文数量的增长作为激励对象。要高度重视基础研究对科技创新的重要作用，正确认识科研工作的周期性和风险性，不能因为失败就否认相关科研工作的价值，应评估是否有利于促进绩效创新并给予绩效工资分配，如袁隆平、屠呦呦这样伟大的科学家都是在不断失败中成长起来的。

第三，允许单位将一部分科研成果转化收益用于奖励科研人员。充分让科研人员的知识价值得到认可，使得高校科研院所科研人员在核定的绩效工资总量基础上，新增一部分创新激励，使得科研人员的总收入得到较大幅度的提高。扩大高校科研院所的科研经费的使用自主权，提高科研人员劳务费在科研经费中的比重，让高校科研院所成为自主经营、自我约束、独立从事科技创新活动的主体。

第四，科学合理设置不同类型岗位的分配系数和考核标准。高校科研院所要注重对现有岗位开展科学化分析与评价，针对管理岗、专技岗和工勤岗的分配系数和考核标准要合理设计与评价，提高不同岗位间绩效工资分配的公平性。人事部门在岗位设置时要注重各个岗位价值的精确化衡量，注重做好科学化岗位分析、岗位职责描述、岗位综合能力要求等综合评价，建议建立不同岗位的绩效工资总盘，各类型岗位之间不能相互混淆，尤其要杜绝分配系数向管理岗或领导层倾斜过多的现象。如果管理人员收入主要依靠绩效工资总量增加和调整的话，会导致管理人员侵占一线科研人员绩效工作总额的现象，会导致科研工作过分“内卷化”倾向，损害高层次科技创新人才的身体健康，不利于我国科技创新竞争力的提升。

第五，内部岗位类型和层级不同，绩效工资分配梯度设置不同。对于单位规模较大的高校科研院所，内部岗位类型和层级较多，可以设置较多的绩效工资分配梯度，能够较好地体现优绩优酬的导向。对于单位规模较小的高校科研院所，内部岗位类型和层级较少，员工之间工作能力差异不明显，则不宜设置过多的绩效工资分配梯度，相互之间绩效工资差距过大，反而容易引发组织稳定问题。

3. 医疗卫生类事业单位绩效工资制度的问题

医疗行业人才培养周期长、职业风险高、技术难度大、责任担当重，建立符合医疗行业特点、以知识价值为导向的公立医院薪酬制度，是深化医药卫生体制改革和事业单位收入分配制度改革的重要内容。现阶段浙江省医疗卫生事业单位绩效考核管理工作主要存在绩效工资水平设置和考核标准不合理，难以激发基层单位的创收积极性等问题，难以激发医务人员工作积极性，阻碍医疗卫生事业单位的可持续发展、维护和保障人民群众的生命健康。具体如下：

第一，绩效工资水平设置不合理，与医务人员的实际贡献不相匹配。现有医疗卫生事业单位绩效工资标准并没有充分考虑医疗服务工作的工作量、工作所承受的压力与劳动价值。编制人数多的单位得到的绩效工资总额较多，编制人数少的单位得到的绩效工资总额较少，这种“一刀切”的模式没有考虑到单位所在地物价和房价等开支，也没有城乡差异，具有一定的不合理性。部分医疗卫生事业单位绩效工资难以体现医务人员的实际贡献，有些岗位难度大、工作任务重的医务人员工资待遇并没有得到全面的提升，这部分医务人员就会离职或跳槽。因此，应设立体现医疗行业特点、劳动价值的薪酬水平标准，注重医务人员的稳定收入和有效激励。

第二，绩效工资的考核标准不够合理，难以体现不同岗位的劳动价值。上级部门的绩效工资指导意见基本是原则性的，缺乏实践可操作性。多数医疗卫生事业单位在制定绩效工资实施方案时，没有完全按工作岗位、工作性质来区分和设计，优秀人员和关键岗位的知识、管理、技能等生产要素在薪酬优势中未完全显现，难以调动医务人员的工作积极性。调查显示，多数职工认为医疗卫生事业单位作为绩效工资发放依据的绩效考核指标主要由中高层管理者制定，具有一定不合理性，存在“官效工资”的现象，即有利于管理人员。未来绩效工资优化方向应体现医、护、技、药、管等岗位差异，兼顾不同科室之间的平衡，重点向关键和紧缺岗位、高风险和高强度岗位、高层次人才、业务骨干和作出突出成绩的医务人员倾斜，公立医院主要负责人薪酬水平应与其他职工保持合理的差距。

第三，实行“收支两条线”管理，难以激发基层单位的创收积极性。绩效工资实施以后，基层医疗卫生事业单位严格执行“收支两条线”管理，规范了津贴补贴的发放，基层单位负责人创收的积极性大大下降。医务人员则缺乏了努力工作的动力，往往导致原本完全可能在基层医疗卫生机构完成治疗的病人都“被转移”到县级或更上一级医疗机构，导致县级及以上医疗机构更加人满为患，这与我国新医改所倡导的“大病在医院，小病在社区”的就医模式背道而驰。因此，应充分落实公立医院以及医疗卫生事业单位的内部分配自主权，允许从医疗收入超收超支部分提取一定比例的资金，用于奖励工作突出的科室，并奖励科室内考核优秀的员工。

第四，制度兼顾效率与公平，防范绩效工资可能带来的负面影响。在绩效工资制度实施时，应特别注意兼顾效率与公平，注意分析并防范其可能带来的负面影响，在两者之间寻求管理者、职工、上级部门及社会公众都能接受的平衡点。例如：在进行绩效工资分配时，应注意将团队绩效与个人绩效相结合，把个人绩效融入团队绩效之中，对绩效良好的科室实行全员奖励，这样既可调动个人工作积极性，又能较好地发扬团队合作精神。在进行绩效工资分配时，应注意统筹科学研究和门诊手术的合理比例，避免将门诊手术等稳定性收益的比例设置过高，导致大部门医务人员不愿意在周期长、难度大、需要长期攻坚的医学研发上投入精力，从长远来说生命科学的研究能够更大程度地造福人类。

鉴于国家已经出台《公共卫生与基层医疗卫生事业单位实施绩效工资的指导意见》，浙江省也已出台相关政策，对公共卫生类事业单位收入分配存在的问题进行修正，尽待政策效果。因此在此不再提出针对性的对策建议。

二、浙江省企业工资收入分配现状评估

1. 样本选取与描述性统计

本研究选取2018—2021年浙江省的企业作为样本，运用统计软件和统计方法进行分析，在计算各项指标时，剔除了一些数值差异较大或对结果影响较大的样本，以使得统计样本更加可靠，研究结果更加可靠。

基本指标：①人均薪酬，即单个职工支付薪酬的平均值；②人工成本投入产出率，即投入的人工成本与获取的利润之间的比值，反映样本给付员工薪酬的产出效率；③拉克尔系数，即员工薪酬与企业增值额之间的比值，拉克尔法则是一个衡量职工收入水平是否合理的准则。根据拉克尔法则，工人工资与增值额是两个极为相关的经济变量，即工资应占全部增值额的39.395%。如果企业的工资高于这一比例，应采取措施提高劳动生产率，反之低于这个比例，则应增加工人工资。39.395%是拉克尔系数的黄金值，也是衡量企业工资水平

是否合理的标杆。

下面将样本企业分为了央企、地方国企、民营企业三类，运用统计软件，计算浙江省 2018—2021 年的统计数据并描述统计量，结果如表 2-1 所示。

表 2-1　2018—2021 年央企、地方国企、民营企业人均薪酬和人工成本投入产出率的比较分析

2018 年					
央企	N	极小值	极大值	均值	标准差
人均薪酬	47	4.517 6	53.228 1	22.269 9	10.270 4
人工成本投入产出率	47	0.061 6	15.545 2	2.485 5	3.491 3
地方国企	N	极小值	极大值	均值	标准差
人均薪酬	1 130	1.423 8	85.632 3	10.843 1	9.328 7
人工成本投入产出率	1 130	0.000 1	97.333 3	7.678 8	14.107 2
民营企业	N	极小值	极大值	均值	标准差
人均薪酬	2 534	1.040 0	90.068 6	10.027 8	7.505 9
人工成本投入产出率	2 534	0.000 3	98.200 0	7.835 0	13.750 1
2019 年					
央企	N	极小值	极大值	均值	标准差
人均薪酬	41	2.654 3	44.148 3	24.369 2	8.979 5
人工成本投入产出率	41	0.008 5	15.462 8	2.744 1	3.848 1
地方国企	N	极小值	极大值	均值	标准差
人均薪酬	1 437	1.111 1	97.916 1	12.015 7	10.227 0
人工成本投入产出率	1 437	0.000 3	95.851 6	7.082 2	12.650 2
2020 年					
央企	N	极小值	极大值	均值	标准差
人均薪酬	55	6.516 8	48.286 6	24.374 3	9.876 1
人工成本投入产出率	55	0.086 4	42.766 7	6.629 1	10.664 2
地方国企	N	极小值	极大值	均值	标准差
人均薪酬	1 639	1.023 4	93.029 4	12.079 2	10.228 1
人工成本投入产出率	1 639	0.001 3	98.884 4	6.786 4	12.805 6
民营企业	N	极小值	极大值	均值	标准差
人均薪酬	2 161	1.124 3	86.846 4	11.190 8	8.430 6
人工成本投入产出率	2 161	0.003 6	95.130 4	7.063 8	12.532 9

（续）

2021 年					
央企	*N*	极小值	极大值	均值	标准差
人均薪酬	88	3.285 7	86.230 8	25.616 7	13.021 4
人工成本投入产出率	88	0.030 5	97.480 2	5.674 0	12.898 9
地方国企	*N*	极小值	极大值	均值	标准差
人均薪酬	3 839	1.100 0	97.945 5	11.242 9	8.720 2
人工成本投入产出率	3 839	0.000 8	99.304 6	6.795 5	12.058 3
民营企业	*N*	极小值	极大值	均值	标准差
人均薪酬	4 993	0.024 5	95.531 1	11.126 5	8.304 6
人工成本投入产出率	4 993	0.003 8	99.664 1	7.708 2	13.481 4

资料来源：根据相关数据整理所得。

通过上述计算，对人均薪酬和人工成本投入产出率指标，在央企、地方国企和民营企业中进行比较分析，以此来直观地分析三类企业雇员薪酬的公平性（图 2－1）。

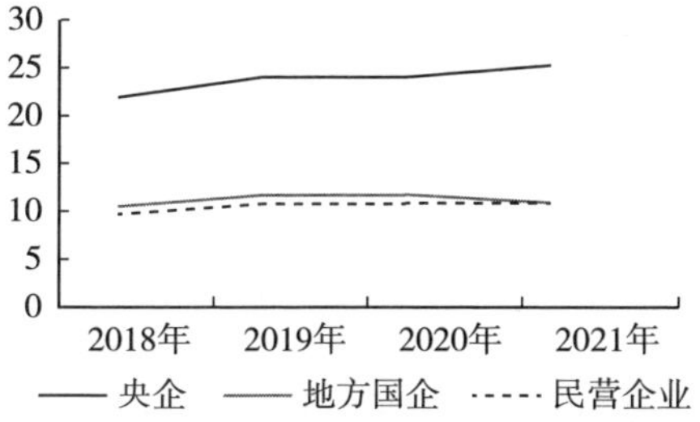

（a）浙江省人均薪酬对比

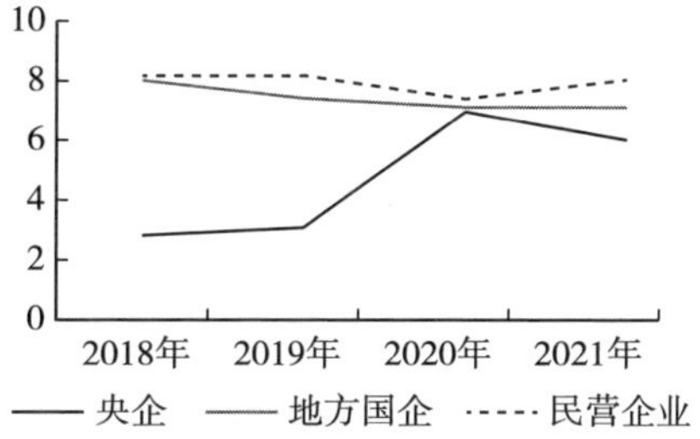

（b）人工成本投入产出对比

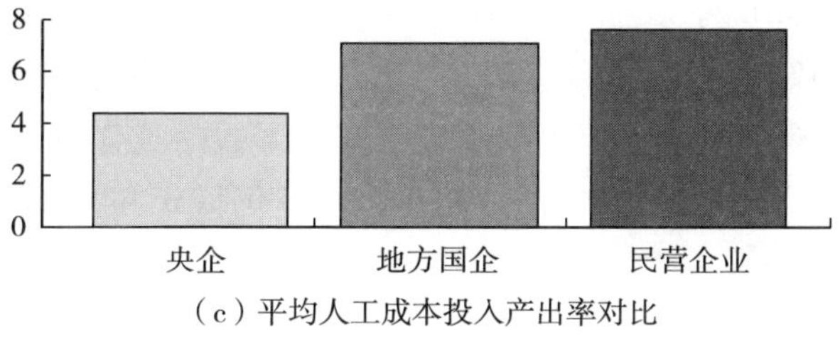

（c）平均人工成本投入产出率对比

图 2－1　央企、地方国企、民营企业人均薪酬和人工成本投入产出率比较

2. 拉克尔系数的测定

在西方发达国家，拉克尔系数被广泛地应用到企业的劳资关系分析中。拉克尔系数是同期工人薪酬总额与企业增值额之间的比值，39.395%是拉克尔系数的黄金值，也是衡量企业工资水平是否合理的标杆。这个系数为判断企业支付给员工的薪酬是否过高或过低提供了一个参考依据。若某个企业拉克尔系数高于这一比值，说明该企业工资水平偏高，应提高劳动生产率，即所谓的“工资侵蚀利润”；反之，则说明工资水平偏低，应增加工人工资，即“利润侵蚀工资”。而关键点在于企业增值额的界定，增值额的定义是指经济实体的经营活动在外购货物和劳务上所增加的价值，即营业收入减去为经营活动而外购货物、劳务所发生支出后余额，本研究结合相关学者的研究成果，选用下列公式来计算增值额

$$增值额=息税前利润（EBIT）+应付职工薪酬+流转税$$

从而拉克尔系数的计算公式为

$$\begin{aligned}拉克尔系数&=应付职工薪酬/增值额\\&=应付职工薪酬/(EBIT+应付职工薪酬+流转税)\end{aligned}$$

考虑到在实际计算时，净利润小于0时，可能会有异常值出现，尤其是当发生巨额亏损时，拉克尔系数会出现极端值。当拉克尔系数大于1或小于0时，为无效结果，因此为了保证样本的准确性和可比性，对选取的样本按照以下原则进行筛选，具体包括两方面：①剔除了净利润为负值的样本，避免异常值或极端值的出现；②剔除了拉克尔系数超过1和小于0的数据，属于无效结果。通过对样本进行整理并计算后得到以下数据。

由表2-2和图2-2可以得知，从2018年至2021年四年数据来看，央企拉克尔系数比地方国企、民营企业要高，而地方国企和民营企业的数值则比较接近。从这四年的平均拉克尔系数来看，央企的平均拉克尔系数约为0.514 7，三者中最高，且高于拉克尔系数的黄金值，偏离度为30.65%；地方国企的平均拉克尔系数为0.321 2，民营企业为0.352 1，均低于拉克尔系数的黄金值，偏离度分别为18.47%和10.62%（表2-2）。从这四年的变化趋势来看，央企的拉克尔系数略微有所下降，但仍远高于拉克尔系数的黄金值，而地方国企和民营企业这四年的拉克尔系数略微有所上升，但仍低于拉克尔系数的黄金值（图2-2）。

表 2-2　央企、地方国企和民营企业拉克尔系数

年份	央企	地方国企	民营企业
2018	0.499 6	0.324 3	0.337 3
2019	0.516 1	0.329 4	0.386 7
2020	0.548 0	0.288 7	0.332 0
2021	0.495 1	0.342 4	0.352 3
平均值	0.514 7	0.321 2	0.352 1

资料来源：根据相关数据整理所得。

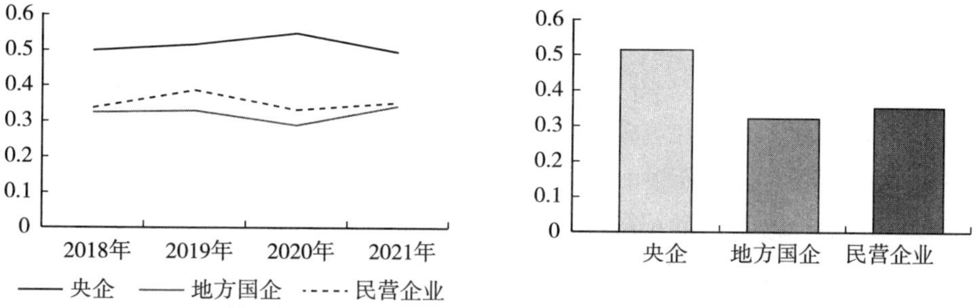

（a）企业拉克尔系数对比

（b）平均拉克尔系数对比

图 2-2　央企、地方国企和民营企业拉克尔系数对比

由此可见，央企员工人均薪酬水平较高，工资收入占利润的比重较大，而地方国企和民营企业员工人均薪酬水平较低，工资收入占利润的比重较小。因此，央企的人力成本支出较高且回报效率较低，应提高平均人工成本投入产出率，提高企业的经营效益和利润空间。地方国企和民营企业的员工薪酬水平相对低些，应注重员工薪酬公平性的构建，而不是一味地追求效率和企业利润，把基层员工工资收入标准制定得比较低。虽然企业的整体投入产出率较高，但员工的人均薪酬较央企来说还有一定的提高空间。

3. 企业工资收入分配的主要问题

第一，垄断行业与非垄断行业平均工资差距较大。统计数据显示，央企的人均薪酬明显高于地方国企和民营企业，地方国企与民营企业的人均薪酬非常接近，近年呈现逐渐上升趋势。根据统计数据，电力、电信、金融、保险、烟草等行业职工的平均薪酬是其他行业职工平均薪酬的 2～3 倍，考虑到住房、薪酬外收入和福利待遇上的差异，真实收入差距可能在 5～10 倍，近年实际差距有所缩小。

第二，与经济效益挂钩的工资决定和增长机制仍需完善。从上文可以发现，虽然相较于地方国企和民营企业，央企员工的薪酬水平较高，但是其人工成本投入产出率低于二者，这说明央企的人工成本投入产出率并不算高，高薪酬没有直接带来高产出。民营企业和地方国企的薪酬水平虽然不高，但企业的人工成本投入产出率不低。因此，与企业经济效益和劳动生产率挂钩的工资决定和正常增长机制是深化国有企业改革的重要举措。央企应实施全面的薪酬管理，减少仅仅薪酬层面的激励，加大职业生涯晋升空间的激励，建立更加全面综合的员工薪酬制度。而对于地方国企和民营企业来说，企业在进行薪酬设计时，应该注重提高员工的利润分享和工资收入，使企业与员工之间的劳资关系更为合理融洽。

第三，一线员工与企业高管工资收入差距扩大。民营企业的工资集体谈判制度在协调劳资矛盾、规范劳动力市场秩序方面没有发挥较大的作用。需要注意的是，尽管可能加班强度较大，但大部分的企业利润被高层管理层所有，一线基层员工工资收入仍增长缓慢，远远赶不上企业利润的增长。根据国家统计局统计数据，2021 年全国规模以上企业“中层及以上管理人员”年平均工资 180 630 元，而基层一线员工诸如“社会生产服务和生活服务人员”和“生产制造及有关人员”分别为 68 022 元和 68 506 元，相差约 2.6 倍。根据 2021 年 81 个行业 4 263 家上市公司的数据，这 4 263 家上市公司的普通员工和高管平均薪酬，二者的差距平均为 3.7 倍。高管最高薪酬与高管平均薪酬的差距最大为 10 倍。其中，邮政业的高管与员工收入差距最大，高管与员工的平均薪酬差距为 7.60 倍，而高管最高薪酬与员工平均薪酬差距达 35.52 倍（表 2 - 3）。这样就有可能造成内部矛盾的发生，从而不利于经济效益的增长，以及经济社会健康持续发展。

表 2 - 3　81 个行业高管与普通员工薪酬的差距

单位：倍

行业	高管与员工平均薪酬差距	高管最高薪酬与员工平均薪酬差距
邮政业	7.60	35.52
畜牧业	5.61	15.16
研究与试验发展	5.61	20.63

（续）

行业	高管与员工平均薪酬差距	高管最高薪酬与员工平均薪酬差距
化学纤维制造业	5.46	15.00
农副食品加工业	5.22	15.49
食品制造业	5.18	16.29
非金属矿物制品业	5.13	14.14
装卸搬运和运输代理业	5.06	14.50
零售业	5.02	14.25
有色金属矿采选业	4.98	13.99
造纸及纸制品业	4.87	12.92
纺织服装、服饰业	4.81	14.10
保险业	4.79	18.22
废弃资源综合利用业	4.75	10.42
卫生	4.73	15.72
家具制造业	4.71	12.57
纺织业	4.69	13.06
房地产业	4.50	12.12
综合	4.37	12.31
医药制造业	4.34	12.91
住宿业	4.34	14.81
计算机、通信和其他电子设备制造业	4.20	11.81
电气机械及器材制造业	4.20	12.14
有色金属冶炼及压延加工业	4.13	12.71
非金属矿采选业	4.13	7.74
公共设施管理业	4.02	9.87
汽车制造业	4.00	10.36
石油和天然气开采业	3.95	12.40
橡胶和塑料制品业	3.88	10.73
木材加工及木、竹、藤、棕、草制品业	3.83	12.21
批发业	3.81	10.65
化学原料及化学制品制造业	3.76	9.96

（续）

行业	高管与员工平均薪酬差距	高管最高薪酬与员工平均薪酬差距
黑色金属冶炼及压延加工业	3.72	11.34
酒、饮料和精制茶制造业	3.67	10.92
金属制品业	3.64	10.35
房屋建筑业	3.55	7.84
建筑安装业	3.55	11.21
商务服务业	3.50	9.70
生态保护和环境治理业	3.49	8.25
专用设备制造业	3.44	9.66
燃气生产和供应业	3.40	8.89
皮革、毛皮、羽毛及其制品和制鞋业	3.34	9.58
电信、广播电视和卫星传输服务	3.32	7.67
渔业	3.30	9.96
通用设备制造业	3.26	8.62
农业	3.14	7.66
专业技术服务业	3.13	7.49
广播、电视、电影和影视录音制作业	3.11	9.23
文教、工美、体育和娱乐用品制造业	3.08	8.11
餐饮业	3.07	6.65
其他制造业	3.03	7.50
仓储业	2.93	7.74
铁路、船舶、航空航天和其他运输设备制造业	2.93	7.92
石油加工、炼焦及核燃料加工业	2.92	7.35
印刷和记录媒介复制业	2.84	7.15
仪器仪表制造业	2.81	7.45
开采辅助活动	2.76	6.19
水的生产和供应业	2.73	6.13
土木工程建筑业	2.72	6.18
建筑装饰和其他建筑业	2.69	7.01
资本市场服务	2.66	6.51

（续）

行业	高管与员工平均薪酬差距	高管最高薪酬与员工平均薪酬差距
文化艺术业	2.65	6.49
航空运输业	2.64	5.89
软件和信息技术服务业	2.62	6.62
林业	2.57	6.63
科技推广和应用服务业	2.55	7.18
互联网和相关服务	2.55	6.77
煤炭开采和洗选业	2.54	5.30
新闻和出版业	2.46	5.90
水上运输业	2.45	5.73
道路运输业	2.44	5.54
黑色金属矿采选业	2.38	6.83
机动车、电子产品和日用产品修理业	2.15	7.02
教育	2.10	6.43
电力、热力生产和供应业	2.05	5.45
其他金融业	2.02	5.36
农、林、牧、渔服务业	1.96	4.20
体育	1.78	5.00
货币金融服务	1.54	4.71
租赁业	1.20	3.02
铁路运输业	1.18	2.18

资料来源：转引自 https：//baijiahao. baidu. com/s? id=1734252767916817861&wfr=spider&for=pc。

第四，经济形势变化对民营企业劳动要素报酬影响更大。民营企业承担我国 60%的就业率，而浙江省民营企业更是贡献了 87.5%的就业人数。因此，民营经济在吸纳就业、促进增收方面扮演着重要的角色，在浙江省尤为如此。由于民营企业经济规模小，抗风险能力差的特征，民营经济对世界形势变化更为敏感和脆弱，由新冠疫情和经济周期规律性导致的世界经济萧条，对民营企业劳动就业岗位和员工劳动要素报酬影响更大。例如：就制造业来看，民营企业一般处于产业链低端，一旦产业链环节出现问题，这些企业更容易受影响。在服务业方面，受防控措施限制，市场消费减少，对民营经济发展影响较大。

第五，数字产业化和产业数字化对劳动力的替代作用加大。数字产业化和产业数字化前所未有地提升了产业效率，但也加大了人工智能、大数据等数字化手段对劳动力的替代作用，对劳动要素收入公平产生了一定的冲击，给共同富裕目标的实现带来了更大的挑战。数字技术的投入使得数字要素广泛渗透到产业设计、制造、销售、服务等各个环节，数据作为必不可少的关键生产要素参与价值分配，必将减少固有岗位的必要劳动投入、挤压劳动力能够从事的任务范围，从而挤出劳动要素份额、直接降低劳动报酬占比。

第三章　发达国家经验借鉴与政策优化[①]

建立和谐稳定的劳动关系对一个国家或地区的经济发展至关重要，而保护劳动者的合法权益、促进劳动报酬的合理增长是保持和谐劳动关系的关键所在。德国、法国、日本、美国、瑞典等发达国家的经验和做法，对促进浙江省劳动报酬合理增长有积极借鉴与启示。

一、发达国家经验借鉴与启示

1. 德国：职工利益的“双重代表”模式

德国在劳资关系的处理上享有良好声誉。德国良好的集体治理机制是劳动关系的中心问题，也是实现劳资均衡的关键所在。自 1980 年以来，德国虽然经历了两德统一、金融危机、产业转型等重大变革，却能始终保持社会政治稳定和经济的平稳发展。这主要得益于德国劳动关系机制本身固有的稳定性和足够的弹性。而在德国劳动关系机制中，其劳资共决机制与集体谈判机制所形成的对职工利益的“双重代表”模式[②]对我们具有较大的借鉴意义。劳资共决机制一般站在利益统一性的角度对劳资双方的生产经营事项进行合作对话、协商沟通，而集体谈判机制则站在劳资利益对立性的角度对劳动条件等事项进行权利争取（徐志强等，2015）。

劳资共决机制。劳资共决制度是指雇员或其代表对企业决策过程的法定参与机制，或者说职工或职工代表有权与公司管理曾共同行使与企业经营相关事项的决策权的实现机制（徐志强等，2015）。德国劳资共决机制主要有两种实施模式：员

---

① 该部分已经整理成要报《德美法日瑞劳动关系主要做法与经验》，被 2023 年《人力社保内参》第 3 期采纳。

② 德国的劳动者利益“双重代表”模式是指在工会的一般机制之余，更加强调员工委员会和职工监事制度的作用。工会机制和共决机制形成了劳动者利益代表的“双元制”。

工委员会共决制[①]和监事会共决制[②]。共决制权利实现的形式包括在企业内部通过参与共决实现权利分配，也包括在企业外部通过集体谈判实现权利争取。德国在产业层面和企业层面的劳动者共决权体现在工会的谈判模式和员工委员会及职工监事制度，企业层面虽有独立的工会谈判机制，但力量较为弱小。

集体谈判机制。集体谈判是指劳方集体性地通过工会，与资方谈判雇佣条件，而资方必须参与，谈判结果具有法律约束力。德国基本法、民法典以及商法中对集体谈判机制提供了基本制度框架和规范。德国集体谈判的主要特征是以行业集体谈判为主，而不是在企业层面进行集体谈判，企业层面签订的协议基本不起主要作用。劳资双方具有集体谈判的自主权，德国政府在劳动关系中的作用十分有限。德国工会具有相对的独立性，根据德国联邦劳动法院裁决，被雇主收买的工会、被某个政治组织或宗教组织控制的工会和雇主组织都不具备集体谈判能力[③]。德国的工会集体谈判不覆盖公务员和收入高于谈判所议定工资的高技术工人及管理人员，也不包括自雇人员。

经济萧条期的改革。为了降低经济衰退带来的影响，德国政府通过对企业雇佣短时工进行补贴从而刺激就业。当雇主选择缩短工时而非解聘雇员时，雇员工资（没有孩子）的60％或67％（有一个孩子）由政府来支付；企业为雇员缴纳的社保费前6个月的50％、以后的100％由政府来支付。在经济萧条期，德国的政、劳、资三方都认识到局势的严重性并做出妥协和退让。主要体现在工时、非全职工作和工作的重构上。比如：工会纷纷把缩短工时和保就业岗位作为谈判重点，允许某些行业的工时和休息时间低于法定标准，有些行业甚至实现了周平均35小时的工作制，同时也允许根据个人需要弹性安排上下班时间，必须加班的话通过休假或经济来补偿。同时也注意到，数字化会带来工作职位减少、工资降低、工作环境恶化以及给信息安全带来危害等问题。

2. 法国：分散化的集体谈判体系

在法国劳动关系中，政府、工会和雇主组织都扮演着重要角色。由于法国

---

① 员工委员会共决制是德国劳资共决模式的核心，共决权范围主要体现在三个方面：社会事务的共决权、人事任免共决权和企业经济事务决策权。

② 监事会共决制通过职工进入监事会的方式来加强对企业管理的监督，并对企业经营决策权形成一定程度的共决。职工通过监事会参与共决的模式，既加强职工对企业事务的参与权，同时也强化了监事会对企业管理层做出决定时的监督权。职工参与监事会的方式主要有三种类型：同等共决制、同等参与制、三分之一参与制。

③ 德国的集体谈判能力的诠释由基本法（结社自由）、集体谈判法，尤其是劳动法院的裁决，共同完成。

劳资之间缺乏合作的传统，因此政府一直扮演着重要的干预者的角色，通过法律规定劳动条件、法定最低工资、法定周工作时间，甚至直接介入劳动关系微观层面。法国《劳动法典》对不同的劳动争议类型需要适用不同的司法程序和处理制度进行了规定[①]。

分散化的集体谈判体系。法国通过劳动立法或国家和行业级的集体协议赋予企业层级劳资关系更多的自主权，促使分散化的集体谈判体系逐渐形成，增强劳动关系机制弹性（赵祖平，2019）。法国工会的入会率不高，仅在8%左右，且分裂明显，但工会竞选却能得到雇员的大力支持，能够有效动员雇员，并迫使政府改变政策。《劳动法典》规定，工会有权指定工会代表与公司层级进行集体谈判并签署集体协议。工资集体协商主要在行业层面进行，在许多行业谈判确定的工资居然低于法定标准[②]。雇主组织有资格参加集体谈判，主要代表组织是法国企业运动联盟（MEDEF），中小企业联合会（CPME）和全国手工业、自由职业雇主联合会（U2P）。三大雇主组织都是全国性的联盟，由大量的行业性和区域性组织组成，单个的企业不能直接加入全国性的联盟。另外，法国还有政、劳、资三方机构和劳资二方机构对法国劳动关系起着独特的作用。

注重保护劳动者的休息权。休息权是劳动者的基本人权，劳动者休息权的保护事关国家社会转型和长远发展。法国非常注重劳动者休息权的保护，是全球第一个实行带薪休假的国家。为了减缓失业压力，法国政府将法定劳动时间从每周39小时进一步缩短至35小时，力图通过减少人均劳动时间让更多劳动者获得就业岗位。每周工作35小时以下被称为非全职工作，过去30年法国非全职工作比重缓慢而稳定增长。法国设置有劳动监察制度，确保对劳动者包括休息权在内的权利保护。对于出现劳动者休息权被侵犯事件，政府能够第一时间或提前阻止情况发生，并在侵犯发生后第一时间向行政部门求助。比如法国新劳动法就明确规定，无必要原因，公司不得强迫员工在下班后通过邮件或电话处理工作。另外，法国税收政策将家庭作为基本单位，对多子女家庭实施优惠政策，从而鼓励女性更多服务家庭而非进入就业市场。

① 法国《劳动法典》和《民事诉讼法典》规定，大审法院管辖因劳动合同产生的集体劳动争议，行政法院管辖国家和公务系统员工之间的劳动争议，劳资争议委员会管辖雇员和劳动者之间因劳动关系产生的纠纷，晓审法院管辖家长和保姆之间，海员和船主之间的纠纷，律师公会会长裁决律所和律师之间的劳动纠纷，不服裁决的可直接向上诉法院提起上诉，社会保险法院管辖劳动事故纠纷以及劳动保险纠纷。

② 法国最低工资由政府征询劳资双方意见后考虑物价和工资水平自行确定。

经济萧条期的改革。经济萧条期的法国劳动关系关注的重点不再是工资问题而是就业和生产问题，双方都愿意做妥协和让步，减少全球经济危机带来的负面影响。允许企业层级集体谈判在行业集体谈判未特别禁止的领域制定背离条款，不必遵守“就高不就低”原则。赋予企业在面临财务困难时更多地降低员工工资、改变工时的权利，以保障就业机会，但最长期限只有2年。允许企业就工时做出各种弹性安排，可以在一定限度内降低某些工时的标准，非全职工作比例大量增加。

3. 日本：终身雇佣、年功序列和企业工会

日本的具体经验有：第一，日本的劳动力市场供给调剂体系比较完善。日本能及时制订法律保障非正式用工的劳动者权利，促进劳动要素有效流动。在初次分配中，市场和政府同时发力，促使初次分配公平化和合理化，因此日本是居民收入占比比较高的国家之一。第二，日本的能力培养和职业养成支援体系比较完善。根据《职业能力开发促进法》，日本为不同阶段的劳动者制定了不同的职业能力开发对策，一般包括以青少年为主的初期职业培训和以在职员工为主的继续教育培训。第三，针对个别解雇和集体解雇的法律法规体系比较全面。《日本民法典》和《劳动基准法》明确和细化了限制个别解雇和集体解雇的各种条款，提供劳动者自我救济的各种手段。这在一定程度上增加了资方随意解雇劳动者的难度和成本，提高了企业处理劳资问题的谨慎度。第四，日本的雇佣和失业政策比较完善。其主要包括失业保险制度、补充失业补助制度、高龄者劳动保障措施、残疾人劳动保障措施、女性职业生涯支援等，其中补充失业补助制度是我国的薄弱环节。第五，日本劳动争议处理系统比较完善。日本劳动争议处理系统包括个别纠纷处理系统和集体纠纷处理系统，有效调动了劳动者、企业与政府三方共同的力量，起到了保障劳动者权益、调整劳资关系、提供救济手段的作用（孙哲等，2022）。第六，日本拥有完善的再分配制度。早在1961年，日本就开始实施“国民皆保险、国民皆年金”的社会保障制度，调控不同群体的收入水平，缩小收入差距，但过高的转移支付也导致日本政府财政支出过大，引起严重的财政赤字的问题。日本通过所得税和财产税来控制高收入者的收入，缩小收入分配差距。第七，大力发展教育，尤其是义务教育。日本政府长期以来对教育的投入，使得国民受教育程度不断提高，从而提高国民的劳动生产率，而劳动生产率的提高又进一步促进日本经济的发展和国民收入的提高，形成了良性循环。第八，制定农村振兴政策，缩小城乡差距。第二次世界大战后，日本陆续出台了农村土地改革、“一村一品”

等措施，并注重对贫困落后地区的扶贫开发，推动了农村经济的发展，缩小了城乡居民收入差距。

4. 美国：效率与公平兼顾的三次分配制度设计

美国是世界上最发达的资本主义国家，也是市场经济体制最为成熟的国家。长期以来，美国为优化收入分配格局和提高居民部门收入比重做了不少行之有效的工作。总结起来，主要包括以下几个方面：

第一，反垄断及最低工资等注重效率兼顾公平的初次分配制度设计。为调控初次分配中的收入差距，美国政府通过反垄断①及最低工资等措施降低不平等的可能性，在保证市场机制发挥作用的同时还充分保证劳动者的合法权益。第二，资金来源稳定的全覆盖、多元化的社会保障制度。美国的社会保障服务种类多、层次分明，社会成员不管处在何种收入群体，都能找到满意的社会保障项目。美国社会保障具有明显的市场化倾向，除联邦政府外，企业、社会团体及个人都为美国社会保障提供了较为稳定的资金来源。第三，健全的税收法律体系。美国已经形成以个人所得税和社会保障税为主体，包括财产税、消费税、遗产与赠与税等在内的复合税制度，征收的每一个环节都有法律保障，对逃漏、漏税等情况制定了严厉的惩戒措施。第四，社会力量广泛参与的第三次分配。美国第三次分配非常发达，主要通过税收引导和促进企业、个人捐赠，即企业或个人财产用于慈善捐助或公益事业支出，可以享有一定比例的税赋扣除待遇。第五，下大功夫保护劳动者权益。国家及时转变收入分配格局关注方向，由资本偏向转向劳动偏向，使得美国雇员劳动报酬占比一直在50%以上。美国通过出台《国家劳资关系法》和《公平最低工资法》等法律对劳动环境和劳工标准进行限制，国家保护重点从产权向人权转移，目的是平衡财产权和劳动权。

5. 瑞典：政府、资方和劳动者共同协商的工资制度

作为世界高福利国家和北欧福利性国家的代表，瑞典的基尼系数长期以来一直处于0.2～0.3，是世界上收入分配差距最小的发达国家之一，收入分配状况较为理想。瑞典控制收入分配差距的主要经验如下：第一，实行政府、资方和劳动者共同协商的工资制度。瑞典工人工资水平由集体谈判决定，工会代表雇员、雇主协会代表雇主、政府作为管理者，就劳动生成过程中产生的劳资矛盾进行充分协商。且瑞典的工会组织非常强大，不但覆盖广而且密度高，在

① 美国政府出台《谢尔曼法》《克莱顿法（1914年修正案）》和《联邦贸易委员会法（1914年修正案）》三个法案来实施反垄断。

集体谈判中拥有较强的话语权，因此通过不断有效的国家、行业、企业三个层面的集体谈判，极大地提高了工人的工资水平。第二，再分配调节效果较强的税收制度。瑞典是较早地将税收制度用于调节收入分配关系的国家之一，瑞典将个人所得税分为劳动收入和非劳动收入，适用不同税率。瑞典虽然税收负担较重，但税收监管体系较为完善，税收机构具有相对独立性，并且实行从上到下的垂直管理方式，有效降低了社会成员偷税漏税的可能性。第三，高度福利化的社会保障制度。瑞典政府财政支出中社会保障支出部分比重较高，且社会保障项目十分丰富，与人们生存和发展息息相关的升学、就业、医疗、住房、养老等全部都涵盖在内。瑞典政府坚持人人平等、人人共享的原则，逐渐构建和完善了对低收入者、儿童、妇女、老人、残疾人的基本生活保障，提高了社会成员的福利水平，有效缩小了收入分配差距，实现了居民收入分配公平。

二、促进浙江省工资收入合理增长的对策建议

在进入扎实推动共同富裕的新阶段，客观上要求政府进一步转变职能，在工资收入分配领域更多扮演制度框架设计者的角色，更好运用“调控”“引导”“托底”等政策手段，努力提高劳动报酬在初次分配中的比重。

1. 兼顾经济发展和工资增长，构建经济与就业相互促进的长效机制

坚持实施扩大就业的发展战略，兼顾经济发展难题和职工工资增长，构建疫情防控常态化下的经济发展与扩大就业相互促进的长效机制。针对“招工难”和“就业难”并存的结构性矛盾，完善就业支持政策体系，促进就业向知识型和技能型方向转变，重点帮助因企业经营困难或倒闭而产生的失业人员和“零就业”家庭实现就业、增加收入。借鉴欧洲经验，完善劳动立法，在防止解雇方面为劳动者提供高标准的保护。例如：德国工人年龄在 40 岁以上或连续服务 15 年以上，企业就很难无故解聘他。积极引导企业加大研发投入，提高企业劳动效率和生产率，激发资本活力带动高质量发展，以创新驱动劳动报酬比重扩大。深入研究数字经济、人工智能、自动化技术发展对就业与收入分配的影响，在推进产业转型中促进人力资源开发和高收入岗位创造。

2. 提高劳动者谈判地位，推动区域性、行业性工资集体协商制度建设

借鉴西方发达国家经验，加强地方工会和基层工会“去行政化”改革①，

① 借鉴发达国家和地区在工资集体协商方面经验做法，通过企联工商联和工会作为劳动关系双方代表进行平等协商，共同决定劳动报酬分配规则与标准。

提高行业工会在劳动力市场和经济发展的各种相关政府决策中的参与度。以劳动密集型、中小企业集中的行业区域为重点，以一线职工、劳务派遣工、农民工为重点对象，在餐饮、环卫清洁、快递、外卖等行业就最低工资标准、主体工种指导价位、劳动定额、计件单价、福利待遇等进行协商。建立工资支付保障重点领域、重点群体联防联动机制，提前确定风险隐患清单，排除欠薪隐患。建立突发公共事件工资支付部门协同制度①，通过政府部门承担风险管理与分散的责任，减轻企业经营和劳动者生活压力。注重数字时代的劳动权益保护和劳动报酬获取权，杜绝互联网平台“恶性”加班文化和“996”工作制盛行，防范智能手机和数字技术发展导致劳动者隐性加班，从而侵占劳动者非工作时间和损害身体健康。加快转变传统采矿业、建筑业、制造业等产业发展模式，推进智能制造应用，全面提升采矿业、建筑业、制造业等劳动生产率，从而降低工作强度、改善工作环境，延长劳动者的职业生涯，提高一线产业工人的岗位适配性。

3. 着力增加一线劳动者劳动报酬，健全共享发展的工资正常增长机制

完善企业薪酬调查和信息发布制度，建立公务员、事业单位和企业相当人员工资水平调查比较制度，利用大数据手段建立全省各类企业工资收入数据库，探索发布体现不同行业、不同群体特征的薪酬分配指引。加强工资指导线的宏观调控，建立健全共享发展的职工工资正常增长机制，完善更好体现劳动价值和知识价值贡献的收入分配办法。以高校毕业生、技能型劳动者、小微创业者、农民工等为重点，着力增加劳动者特别是一线劳动者劳动报酬，推动更多低收入群体迈入中等收入行列。借鉴德国经验，提高一线产业工人的社会地位和薪酬待遇，引导青年劳动者进入实体经济领域②。完善生产要素收益分配制度，加快推进市场化工资分配决定机制改革，鼓励各类人力资本要素参与企业收益分配。鼓励企业优化管理岗位任期制和年薪制设置，大力推行员工持股、股权激励、分红激励、超额利润、虚拟股权等中长期激励方式。增加知识价值在工资分配中的重要性，充分体现多劳者多得、技高者多得的价值分配导向，明确一线操作技能人员与对应专业技术和管理人员享有水平相当的薪酬待遇。

---

① 以新冠疫情为例，联合财政、金融、税务、人力社保、卫生健康等部门制定突发卫生事件薪酬专项方案，一旦疫情防控等级升级触发方案，符合条件的市场主体可通过向指定金融机构申请免息贷款、税费返还、扩大稳岗补贴使用范围等方式，用于员工工资支付。

② 在德国，工人和白领一样受人尊敬，工作稳定，福利待遇好，也不会有数不尽的加班。

4. 健全工资水平宏观调控机制，建立工资收入差距监测和预警机制

为了全面了解企业和劳动者工资收入状况、准确判断收入分配格局、对目标群体分类施策，需要健全方法统一、样本库统一、数据处理统一、信息发布统一的调查体系，完善企业薪酬调查和信息发布制度，为工资收入分配宏观指导和调控提供决策支撑。健全最低工资标准正常评估和调整机制，增强调整的科学性、合理性，确保最低工资标准与经济增长、社会平均工资增长有效联动，并探索以建立技术工人最低工资制度为突破口，确保广大技能劳动者分享经济社会发展成果。借鉴日本厚生劳动省发布的《模范就业规则》和《中小企业模式工资》宣传册①以及新加坡工资理事每年制定和公布的“年度工资指导方针”② 的做法，引导企业特别是中小企业更加科学进行内部分配。既不干预企业内部自主分配，又从思路和方法上指导企业合理科学制定薪酬分配办法。建立能够准确反映工资收入差距变化特征的指标及指标体系，运用科学手段和方法测量出工资收入差距扩大的危险程度，确定工资收入差距的警度级别并及时发出预警，为调控工资收入分配差距、规范收入分配秩序相关政策的制定和实施提供科学依据和合理建议。

5. 加强收入再分配政策的调节作用，让低收入群体更好共享发展成果

借鉴欧洲相关国家经验，运用倾向性的政策和手段，让高收入者多纳税，低收入者少纳税甚至不纳税，对高收入者的存量财产设置调节税种。当然，税收比例要设置一个合理的比例，不能忽视高收入者对社会经济增长的重要性，防止像历史上的法国那样“削富济贫”倾向太明显，高收入者纷纷出走他国。继续完善社会保障制度，健全农村社会救助制度，减轻低收入家庭医疗负担，稳步提升城乡居民基础养老金水平。建全农村低收入群体和欠发达地区帮扶机制，推动城乡公共服务均等化和教育公平，切实加大财政对浙江省山区 26 县的学前教育、儿童早期发展、职业教育的投入力度，加强低收入劳动力群体的能力建设，促进低收入人群人力资本的提升。

---

① 日本厚生劳动省发布的《模范就业规则》对常见的工资结构、津补贴项目和发放依据等提出详细的参考范本，同时委托专业研究机构制定并发行《中小企业模式工资》宣传册，为中小企业工资分配提供借鉴。

② 新加坡工资理事每年制定和公布的“年度工资指导方针”中用相当的篇幅指导企业完善内部分配。

第二篇　再分配与共同富裕：以新个税和养老金并轨为例

共同富裕的要义就是富裕和共享，通俗的说法就是做大“蛋糕”和分好“蛋糕”。在三次分配体系中，做大“蛋糕”主要体现在初次分配领域，分好“蛋糕”则主要体现在再分配领域。再分配是在初次分配做大“蛋糕”的基础上，政府通过以税收、社会保障、转移支付等为主要手段对初次分配进行必要的宏观管理和收入调节。其中，税收是国家财政的主要来源，也是收入分配的调节利器。而个人所得税是税收的重要组成部分，通过健全综合与分类相结合的个人所得税制度，完善专项附加扣除范围和标准，优化个人所得税税率结构，可以有效调节初次分配所形成的差距，减小不同群体间的收入差距，从而扎实推进共同富裕。而社会保障作为保障和改善民生、调节社会分配、促进社会公平的基本制度保障，可以进行合理的社会财富再分配和强化互助共济功能，是一项扎实推进共同富裕的重要制度安排。社会保障制度可以通过社会保险和社会救助等方式对初次分配领域的财富进行再分配以保护市场竞争的弱势群体，帮助他们抵御年老、疾病、失业、工伤等各种社会风险，有利于缓解社会冲突和矛盾，促进社会和谐发展，形成人人享有的合理分配格局，实现共享性的共同富裕。

党的十八大以来以习近平同志为核心的党中央以前所未有的决心和力度系统整体推进全面深化改革，其重要领域和关键环节改革成效显著，为更好地发挥收入再分配的调节作用、扎实推进共同富裕打下了坚实基础。再分配改革中以新个税改革和养老金并轨改革较为突出。2015 年 1 月国务院印发《关于机关事业单位工作人员养老保险制度改革的决定》（以下简称《决定》），宣布从 2014 年 10 月 1 日起对机关事业单位工作人员养老保险制度进行改革，破除存在了将近 20 年的养老金“双轨制”，在制度设计上统一城镇职工基本养老保险制度，旨在缩小机关事业单位和企业职工基本养老保险待遇差距，促进共同富裕、维护社会公平。2019 年 1 月 1 日新修订的《中华人民共和国个人所得税法》全面实施。除提高“起征点”和增加六项专项附加扣除外，还在我国历史上首次建立了综合与分类相结合的个人所得税制。这样有利于平衡不同所得税负，更好发挥个人所得税收入分配调节作用。

但政策实施之后，改革的收入再分配效果如何，有没有达到预期的效果，改革后的制度设计是否更加符合公平正义原则，这些问题都值得探讨。浙江作为高质量发展建设共同富裕示范区，更有必要积极评估新个税改革和养老金并轨改革的政策效果，探索解决改革过程中阻碍共同富裕的问题，推进浙江高质量发展建设共同富裕示范区。基于此，本篇主要以新个税改革和养老金并轨改革为例，通过实证分析探讨改革的收入再分配效应，并提出针对性的对策建议。

第四章　新个税改革对调节收入分配的实证研究

经济发展的不同阶段个税的功能地位不同，其调节方向也有所侧重。改革开放以来，随着经济社会形势的变化，国家对个人所得税制度共进行了七次改革。2018年修订的新个税改革方案，首次采用综合分类征收的混合征收制，将工资薪金所得、劳务报酬所得、特许权使用费所得以及稿酬所得一起进行综合申报，首次引入了六项惠及民生的专项附加扣除项目，个人所得税费起征增加至5 000元，实现了税制模式的巨大转变。这些调整极大地减轻了纳税人的负担，更好地发挥了个税的收入再分配效应。虽然个税改革直接改善了初次分配领域的不平等问题，但新个税仍然存在不足之处。因此，本章通过实证分析研究新个税改革的收入再分配效应和传导机制，并提出针对性的对策建议，从而促进税制体系的完善、缩小收入差距、推进共同富裕目标的实现。

一、个税收入分配效应的理论分析

1. 税收再分配的理论基础

（1）追求公平原则的税收理论。公平原则的代表人物瓦格纳认为，每个人都有纳税的责任，不能因为身份、地位、收入不同而有所区别。社会公平，是指要根据不同收入能力的程度来进行差别纳税，尽量采取超额累进税制，做到收入较多者多纳税、收入较少者少纳税，尤其对那些处在社会最低收入水平的人群要免税，即公平原则。他以税收作为重要的政策工具，倡导应遵循社会公正原则，即俗称的量能纳税。不同能力的人缴纳不一样的税收，让税收作为一种先进的手段在不同收入人群之间进行调节，使得社会财富得到比较均衡公平的分配，缓解冲突、有效抑制贫富分化现象。马斯格雷夫同样认为，税制设计既要以平等的方式获得收入，还要在对居民税收负担最小的情况下提高整个社会的福利水平。他认为人人平等的税收制度不仅应能够承担起调节长期财富积累，还应该能够均衡短期收入来源，坚持对等纳税原则，收入高的人多纳税，反之则少纳税，同等收入水平则同等税收，这样才能使收入分配达到公平。

（2）以最小福利损失为目标的税收理论。经济学认为，在一个自由竞争的市场中，增加一个人的福利水平而不减少其他人的福利，那就达到了这样一种状态，即帕累托效率。由效用表示的社会福利水平随着人的收入水平提高而降低，因此要想提升社会整体的福利水平，应该将收入从高收入人群转向低收入人群，来缩小各层次人群的收入差距，减小贫富分化。那么如何实现社会整体福利水平的提升呢？毫无疑问就是要对低收入人群进行税收照顾，对低收入人群进行直接有效的救助是社会总体福利提升的最有效方法。因此提升社会的整体福利水平对经济增长提出要求，需要经济的不断发展和增长去推动收入的提升与合理分配，从而提升社会总体的福利水平。

（3）以社会经济发展为基础的收入分配理论。任何税制的改革，都离不开一个目的，那就是提高经济水平。经济的不断发展，使得经济学家们越来越看重税制的发展和改革，想找寻一种最优的税制结构。其中库茨涅兹提出的“倒U形”模型，就是具有代表性的一个例子。在他看来，最适合所得税税率的应当是呈一个“倒U形”结构，从维护社会的公正性和税收效率最大化的总体角度看，中等以上收入者应当适用于高的税率级次，而中低收入者和较高等收入者则只适合用相对较小的税率，甚至可以采用零税率，从而既能保证公平，又能不影响经济的发展。因为在面临同样的效率和损失问题的情形之下，政府可以通过增加中等以上收入者的税率，从经济富裕人群那里获得更多税收收入，缩小贫富差距。

2. 个税收入分配效应的影响因素分析

（1）征税模式对收入分配的影响。2018年我国新改革的个人所得税制，首次将工资薪金所得、劳务报酬薪金所得、稿酬所得和特许权使用费所得四种所得合并起来称为一种综合所得，而经营所得、利息股息和红利所得、财产租赁所得、财产转让所得、偶然所得五项所得作为一种分类所得，依法征收个人所得税。分类所得税制，顾名思义就是将收入的来源地和目的进行区分和识别，并且适用的税率具体数值还有所区别，除了工薪收入适用的是随收入增加而增加的税率，其他所得的类型税率一般是固定不变的，也就是比例税率，因此这种课税模式从整体上来看，其累进性比较弱；综合所得税制，对比上面描述的分类税制来说，也就是将之前有过分类的一些所得综合起来，形成一个综合收入，通过整体的思路去计算个税，之前分类的税率已不再适用，而是采用一套全新的可以给综合所得计算的税率来进行汇算。相较于这两种征收模式，混合征收制则是对纳税人不同来源、性质的所得先分别按照不同的税率征税，然后将全年的各项所得进行汇总征税。这种征收模式对纳税人部分不同来源的收入实行综合课征，体现了按支付能力课税的原则，又将所列举的特定项目按特定办法和税率课征，体现了税收对调节收入分配公平性的原则，更适合我国当前的国情，对调节收入分配有着更加显著的作用。

（2）纳税单位对收入分配的影响。目前纳税单位基本上有两种情形：个人单独申报和家庭联合申报。自改革开放以来，我国采用的一直都是以个人为单位进行的个人申报模式。个人单独申报模式的好处在于计算较为简单，能够符合公平原则，且调节收入方向明确，但不足的地方在于无法准确得出纳税人的实际负担。现实生活中，个人与家庭是密不可分的两个概念，个人在家庭中负有不可推卸的责任，包括维持家庭基本生活、赡养老人与抚养子女等，这使得个人收入与家庭收入密切相关。由于赡养老人数量不同、抚养子女数量不同，身体健康状况不同，子女年龄、学历不同等原因，需要支出的费用有所不同，就算两个纳税人收入水平一样，最终承受的负担也不尽相同。家庭联合申报模式则可以弥补这一不足。在家庭计征模式下，收入是以所有家庭成员的总收入为基础，可以保证横向公平。如果搭配综合所得征收模式，则相同收入的家庭使用相同层级的累进税率，其所承担的税负也就相同，也实现纵向公平；但如果配以分类征收模式，则会变成简单地对不同形式收入进行加总计算，无法真正解决收入再分配问题。

（3）税率形式选择对收入分配的影响。现有个税税率通常有两种模式：比例税率和累进税率。比例税率指的是不论应纳税所得额的高低，都采用单一的税率来进行课税，计算相对简便，税收相对来说更加符合公平原则和效率原则。但弊端在于过于机械化，不能很好地对不同收入的人群运用不同的税收政策，即收入再分配的效应较低，通过不同途径得到了相同水平报酬的个体所承担的税收是没有差别的，这类税率的设置很明显对收入再分配效应起不到任何积极的正面作用，在调节纳税人的收入水平方面难以体现税收的公平原则。而累进税率，就是通过划分不同的收入级次，税率梯次排列，收入越高，适用的税率越高，反之，收入越低，适用的税率也越低，而超额累进税率是指相比于收入的增长，适用税率的增加要更快，因此其调节收入分配的效应更强。一般常用于征收个人性质的税收，如个人所得税和财产税等，具有非常重要的经济意义和社会意义，非常适合于当前我国的国情和社会居民收入分配情况。

（4）个人所得税征收管理水平的影响。税收征管水平对于税收的职能能否有效发挥具有重要的意义，是确保税收政策以及税收制度得以有效实施的关键防线，也是最后防线，税收征管水平的高低直接影响税收收入的整体水平，进而影响其收入再分配效应。政府的征收管理水平直接影响税款征收率，如果税款流失严重，则会影响税收收入和财政收入，政府为了保证政策的财政收入流动，只能通过增加别的税种或收入来源来维持收入。而从我国税制结构来看，税制总体上还是主要以间接税为主，这容易加大居民收入分配差距，违背税收公平，削弱收入再分配效应。如果政府的征管水平较低，纳税人就可以通过种种途径和手段来规避税收，从而导致国家税收收入的流失；相反，当政府的征收管理水平和征收效率高时，纳税人的避税成本则会提高，所承担的税收法律风险也随之增大，这使得纳税人自然会提高纳税意识，主动提高纳税遵从度，从而可以更好地发挥税收政策的效果。

3. 收入分配效应的评价指标

（1）洛伦茨曲线和基尼系数。洛伦茨曲线主要是通过收入和人口的百分比排序，将收入的百分比相应地匹配到人口数量的百分比上，并将两者的数量关系表现在同一个坐标系中。将其收入的百分数定位纵轴，将人数的百分数定位横轴，以此来描绘出该国该年度收入分配的洛伦茨曲线。如图 4－1 所示，横纵轴分别代表的是人口的合计百分数和收入的合计百分数，图中的实线和虚线都可表现为洛伦茨曲线。其中，若其为对角线的实线，那就说明该国的收入是绝对的平均。但是在通常情况下，洛伦茨曲线都是类似于虚线这样的情况，这表明该国的居民收入之间存在不公平的现象，并且当洛伦茨曲线越偏离于对角线绝对平均线时，则表明收入越不公平，居民之间的差距也越大。

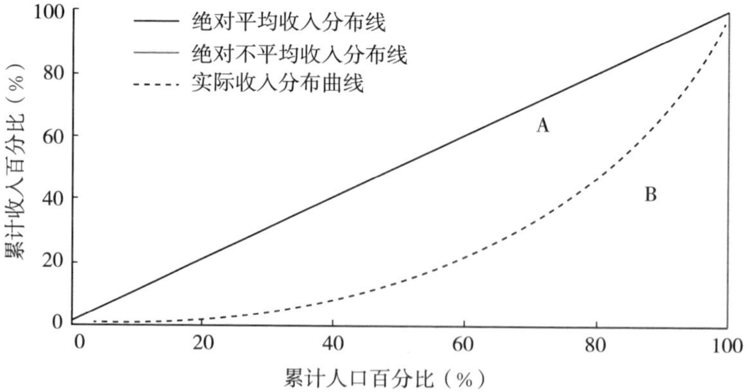

图 4－1　洛伦茨曲线

（2）MT 指数。MT 指数是用于测量税收对居民收入分配效应的指标，它等于税前的基尼系数减去税后的基尼系数，即

$$MT = G_1 - G_2 \qquad (4-1)$$

其中，G_1 为税前基尼系数，G_2 为税后基尼系数，MT 指数为税收的收入再分配效果的绝对值。当指数大于 0 时，则税收对居民的收入分配起着正向作用；反之，当指数小于 0 时，则税收对居民的收入分配起着副作用，其指数的大小则表示个人所得税调节收入分配效果的强弱程度。该指标可以用于从结果上评价各类税收制度所产生的收入再分配效应的绝对程度。

（3）平均税率 t。平均税率是指居民人均缴纳个人所得税与人均收入的比值，即

$$t = T_i \div Y_i \qquad (4-2)$$

其中，T_i 为第 i 组居民缴纳的人均个人所得税，Y_i 为第 i 组居民的人均收入。它通常用于衡量个人所得税是否具有累进性，可以用于评价各项分类的税制在考虑了费用扣除标准、税率等要素后实际产生的税负率。

（4）K 指数。K 指数是于 1977 年提出的，从结果的角度来衡量税制累进性作用，等于税负集中指数与居民收入税前基尼系数的差，即

$$K = T - G_1 \qquad (4-3)$$

其中，T 为税负集中指数，G_1 为居民收入的税前基尼系数，K 为税收制度的累进性指数。指数与指数之间可以相互转化，即

$$K = MT \times (1 - t) \div t \qquad (4-4)$$

当 $K>0$ 时，税收对居民收入再分配效应具有正效应，税收具有累进性；而当 $K<0$ 时，税收具有累退性，税收对居民收入再分配效应具有负效应；当 $K=0$ 时，税收对居民收入再分配效应没有影响。

二、浙江省全体居民收入分配差距现状

1. 浙江省与全国居民收入分配对比

根据国家统计局数据，全国居民按收入五等份分组的人均可支配收入情况如图 4 - 2 所示。从图 4 - 2 可以明显看出，2018 年到 2022 年各不同收入组居民人均可支配收入的差距整体呈增长趋势，同时可以看出高收入组与低收入组之间的差距在逐渐扩大，高收入组和低收入组的绝对差额从 2018 年的 64 200 元增加到了 2022 年的 81 515 元，不同收入组间的收入绝对差额在逐渐扩大。由此可以看出，我国各收入层次居民之间存在较为明显的收入差距。而浙江省

的居民收入差距也不例外。从图 4－3 可以看出，浙江省全体居民收入水平自 2015 年以来基本上保持了稳健上升，城镇居民收入和农村居民收入之间的差距则不断增加，城镇居民收入与农村居民收入之间的差值从 2015 年的 22 589 元增加到了 2022 年的 33 703 元，此数据表明，尽管国家在农村扶贫方面做出了许多努力，但是由于资源分配不均、税制不够完善等原因，城乡之间的收入差距仍在扩大。

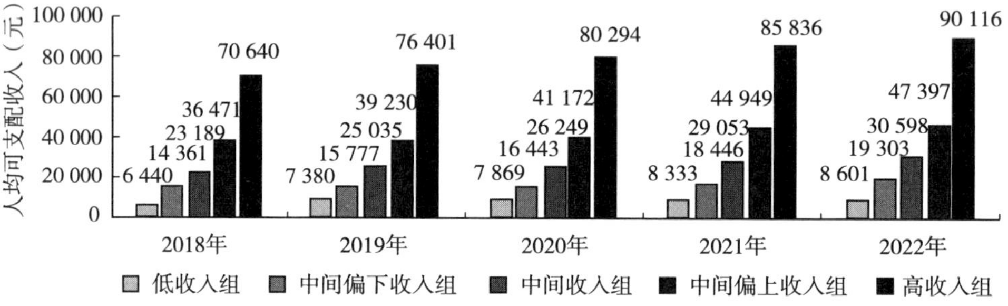

图 4－2　全国居民按收入五等份分组的人均可支配收入情况

资料来源：数据来源于国家统计局。

2. 浙江省个税的税收收入和全体居民的收入

通过图 4－3 描述了解了浙江省城镇和农村居民的收入差距后，本部分再进一步对浙江省个人所得税的纳税收入和全体居民的收入情况进行对比分析，以此来观察两者的关联和差异。个人所得税作为直接税种中比较重要的其中之一，由于其不可转嫁性，直接作用在纳税个人身上，因此是常用来调节收入分配的重要工具。图 4－4、图 4－5 是从浙江省统计局收集到的浙江省近年来个人所得税收入变化以及个税收入和人均可支配收入增长率变化情况。

由图 4－4 可以看出，浙江省个人所得税收入在 2015 年到 2022 年整体上呈现稳步上升的发展趋势，个税收入从 2015 年的 265.74 亿元上升到 2022 年的 592.16 亿元，增长了约 1.228 倍。

由图 4－5 可以看出，除了 2019 年个税收入降低、增长率为负外，2016 年到 2022 年浙江省个税收入增长率曲线基本位于居民可支配收入的增长率曲线之上，这说明在这期间浙江省个税整体呈上升趋势，税收增长率大都超过了收入增长率，在 2017 年达到最高点。同样，可支配收入的增长率大体上有下降的趋势，除了 2017 年、2021 年有所提升。个税增长率高于收入增长率的原因可能在于：第一，个税的征收范围可能逐渐在扩大，经济发展水平的提高以

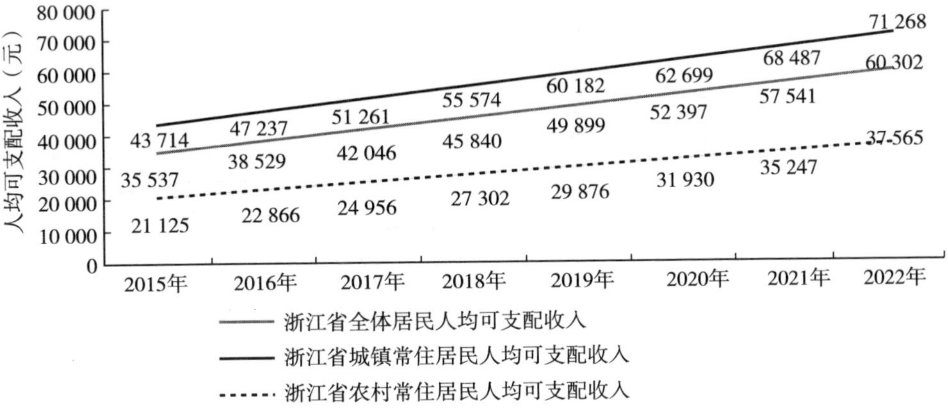

图 4－3　浙江省居民人均可支配收入

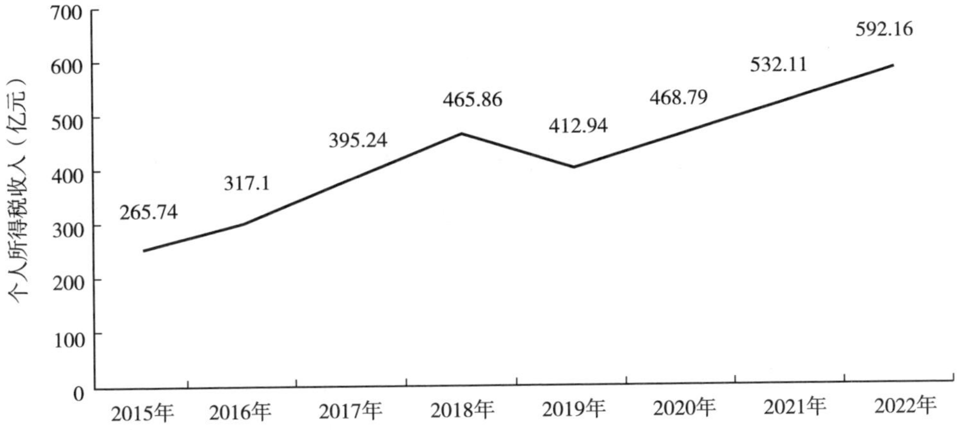

图 4－4　浙江省个人所得税收入变化

及物价水平升高推动了工资体系的提高，从而使得更多的人进入个税征收范围。相比收入增长，个税增长的速度会更快。第二，个税的征管系统越来越完善，能够有效监控偷逃税等违法行为。由此可见，政府通过积极完善和健全个税制度来协助政府对宏观经济更好调控，达到缩减收入差距和调配财富的目标。但如何平衡个税收入与居民收入之间的关系仍然存在很大的问题，既要保证政府的财政收入和稳定开支，又不能减少居民的收入、影响消费活力，仍然需要在两者之间做权衡。从图 4－5 中我们可以看出，虽然新个税改革已经使得政府的个税收入下降不少，但对浙江省居民的收入再分配效应却仍不够，个税收入增长率仍然在人均可支配收入增长率之上。

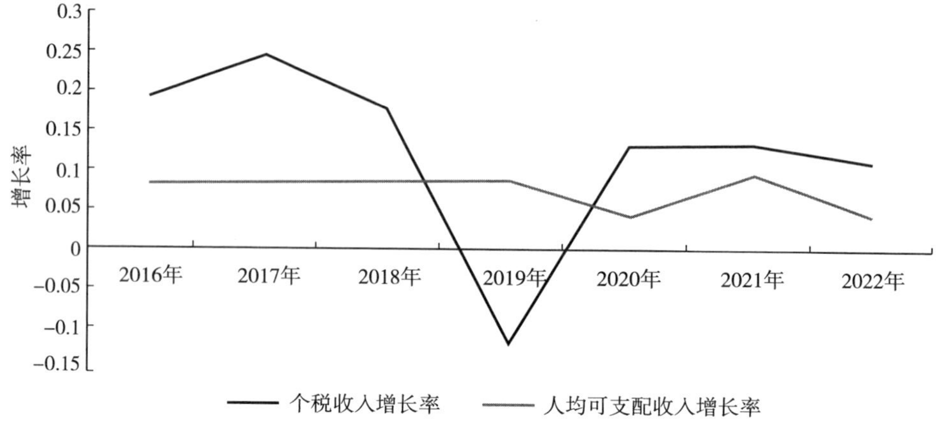

图 4-5 浙江省个税收入和人均可支配收入增长率

三、浙江省个人所得税收入再分配效应分析

1. 变量选取及指标分解

本研究选用了基尼系数、MT 指数、平均税率 t 以及 K 指数等指标来对浙江省居民收入之间的差距进行测量分析，依据过往研究的经验，将城镇居民人均收入作为税前收入，将城镇居民人均可支配收入作为税后收入，以此来计算税前、税后基尼系数及相关指标。相关数据取自国家统计局、浙江省统计年鉴、CFPS 数据库以及万方数据库等。

在研究个人所得税收入再分配效应时首先对税前收入和税后收入进行准确的界定，即：C_1 税前收入＝人均总收入；C_2 税后收入＝可支配收入＋社会保障支出＋记账补贴。其中，基尼系数的计算采用万分法分解，分解方式如下：n 为组数，P_i表示第 i 年居民人数，Y_i表示第 i 组的居民人均可支配收入，P_{ii}^{Y}为第 i 组居民可支配总收入。

设 p_i 为第 i 组居民的人口比重，即

$$p_i = P_i \div \sum_{i=1}^{n} P_i \qquad (p_1 + p_2 + \cdots + p_n = 1) \qquad (4-5)$$

设 y_i 为第 i 组居民的收入比重，即

$$y_i = (P_i \div Y_i) \div \sum_{i=1}^{n} (P_{ii}^{Y}) \qquad (y_1 + y_2 + \cdots + y_n = 1) \qquad (4-6)$$

设 U_i 为第 i 组居民累计收入百分比，即

$$U_i = \sum_{i=1}^{n} y_i \tag{4-7}$$

设 V_i 为相邻两组累计收入百分比，即

$$V_i = U_i + U_{i-1} \tag{4-8}$$

则万分法下的基尼系数公式为

$$G = 1 - \sum_{i=1}^{n} (p_{ii}^{V}) \tag{4-9}$$

又知 MT 指数的拆分公式为

$$MT = (C_1 - C_2) + \frac{t}{1-t}P \tag{4-10}$$

式（4-10）中，右边第一项和第二项依次表示的是横向和纵向公平。其中横向公平效应用 C_1-C_2 计算，其实际含义是指个人在税前和税后的收入的差值，若是两者前后相等，那么达到横向公平，若是不相等，并且一般来说，两者的差值为负数，即为横向不公平，一般情况下 C_1-C_2 小于0。右边第二项 $t\div(1-t)\times P$ 表示的是纵向公平效应，它由两部分组成：税率和税收累进性指标，即 K 指数。通常来说，个人所得税再分配效应由横向公平效应和纵向公平效应组成。横向公平效应一般趋向于0，通过测量个税的纵向公平效应来进行分析。纵向公平效应又由累进性和平均税率等因素决定，在累进性指标不变的情况下，平均税率 t 越高，个人所得税再分配效应就越大。所以下文将对浙江省个人所得税进行累进性分析来探讨新个税改革后的收入再分配效应。

2. 浙江省个人所得税累进性分析

根据上文计算基尼系数的公式，以 2019 年的数据为例，对浙江省税后基尼系数测算进行说明，如表 4-1 所示。

表 4-1　税后基尼系数的计算

指标	P_i	p_i	Y_i（税后）	P_iY_i（税后）	y_i（税后）	V_i（税后）	p_iV_i	税后基尼系数G_i
数值	5 038.91	0.439	49 899	251 436 570.090	0.474	1.315 9	0.577 68	0.422 32

资料来源：数据来源于浙江省统计年鉴。

根据公式（税前收入 Y_i＝税后收入 Y_i＋人均缴纳个人所得税）可计算出 2019 年浙江省税前基尼系数，见表 4-2。2014—2021 年浙江省基尼系数如图 4-6 所示。

表 4－2　税前基尼系数的计算

指标	P_i	p_i	Y_i（税前）	P_iY_i（税前）	y_i（税前）	V_i（税前）	P_iV_i	税前基尼系数G_i
数值	5 038.91	0.441	50 978.916	256 878 169.622	0.4744	1.279 5	0.564 24	0.435 76

资料来源：数据来源于浙江省统计年鉴。

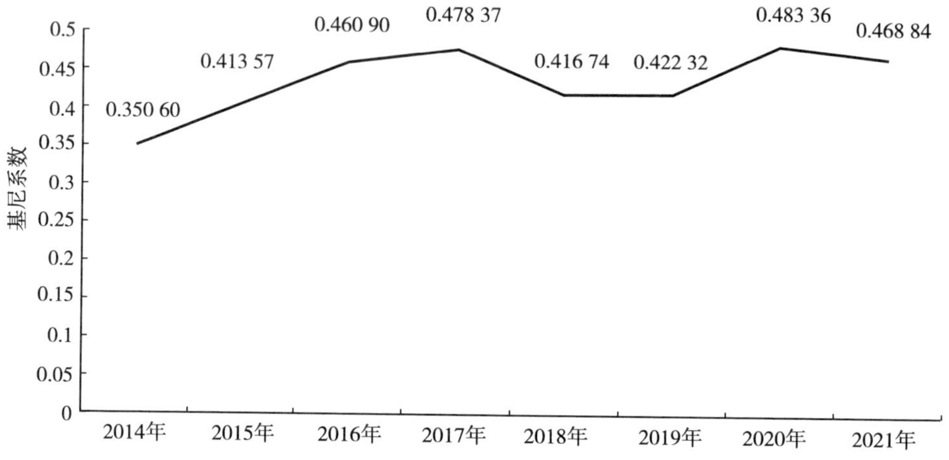

图 4－6　浙江省基尼系数

故 2019 年税前基尼系数 $G_1=0.435\ 76$，税后基尼系数 $G_2=0.422\ 32$，$MT=G_1-G_2=0.013\ 44$，平均税率 $t=T_i$（人均个人所得税）$/Y_i$（人均收入）$=0.020\ 058\ 506$，K 指数$=MT\times(1-t)/t=0.656\ 599\ 937$。其他年份数据均按以上方式计算，则浙江省 2014—2021 年的各项指标整理如表 4－3 所示。

表 4－3　浙江省各项累进性分析指标

年份	税前基尼系数	税后基尼系数	MT 指数	平均税率 t	K 指数
2014	0.361 37	0.350 63	0.010 77	0.019 539 747	0.540 414 212
2015	0.423 39	0.413 57	0.009 82	0.027 137 553	0.352 040 184
2016	0.473 17	0.460 92	0.012 27	0.024 626 056	0.485 982 748
2017	0.490 64	0.478 37	0.012 27	0.025 309 573	0.472 526 808
2018	0.429 41	0.416 74	0.012 67	0.026 216 702	0.470 609 704
2019	0.435 76	0.422 32	0.013 44	0.020 058 506	0.656 599 937
2020	0.497 94	0.483 36	0.014 58	0.019 548 325	0.566 285 234
2021	0.484 46	0.468 84	0.015 62	0.018 346 253	0.512 285 466

资料来源：表中数据由浙江省数据计算得来。

将上述数据转化成折线图，如图 4 - 7 所示。

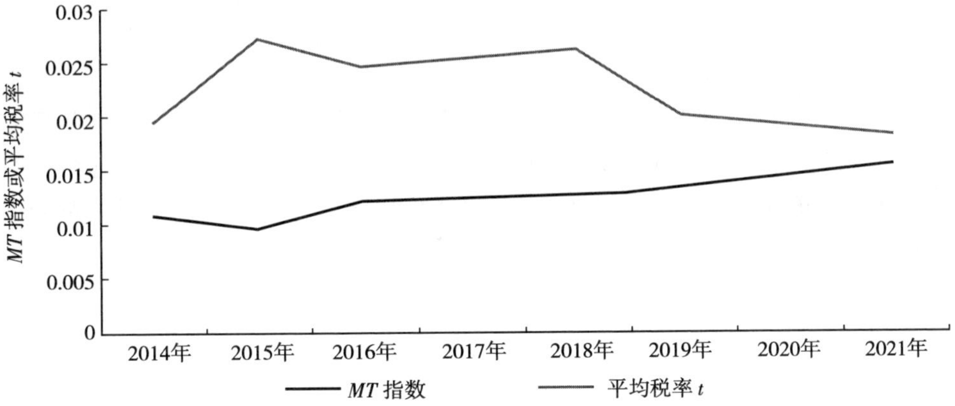

图 4 - 7　浙江省 MT 指数与平均税率 t

从图 4 - 7 和表 4 - 3 可以看出，2014 年到 2021 年浙江省的基尼系数无论是税前还是税后都呈现不断上升的趋势，其中税后基尼系数从 2014 年的 0.350 63 上升到 2021 年的 0.468 84，说明这段时间浙江省居民收入差距不断拉大，个税调节收入再分配作用并不显著。而 2018 年基尼系数有明显下降，这说明个税改革对居民的收入再分配起到了一定的调节作用，缩小了浙江省居民收入差距，减小了贫富分化。

从 MT 指数来看，2014 年至 2021 年的 MT 指数总体呈上升态势，由 2014 年的 0.010 77 上升到了 2021 年的 0.015 62，MT 指数均大于零，并且有持续上升的态势，这表明个人所得税改革对浙江省居民收入差距产生了正面调节作用，但 MT 指数的测量值仍然偏低，说明效果并不显著。

从平均税率 t 来看，则呈现先上升后下降的趋势，通常若平均税率 t 的数值与居民收入呈正相关，则说明个人所得税具有再分配效应。相反，若平均税率 t 与居民的收入呈负相关，则说明个人所得税具有累退性，并不具有再分配效应，反而起到相反的作用。由图 4 - 7 可以看出 2018 年以后，在个税改革的背景下，浙江省人均可支配收入逐步增加，但平均税率并未呈现明显增长，甚至还有下降趋势。由此可见，个税改革对浙江省居民收入差距起到了显著的再分配效应。

最后，从 K 指数来看，决定收入再分配效果的影响因素由两方面组成：一是累进性，即通过 K 指数来获得；二是平均税率 t。在累进性一定的条件下，增加平均税率就会提高收入再分配效果，反之亦然。同理，在平均税率一定的条件下，增加累进性同样也会增加个人所得税的再分配效果。从表 4-3 和图 4-8 可以看出，2014 年到 2015 年 K 指数变化显著，下降趋势较为明显，从 2014 年的 0.540 41 下降到 2015 年的 0.352 04。而从 2015 年到 2019 年，浙江省 K 指数大致呈现上升趋势，2019 年达到了最高值 0.656 60，2019 年后有所下降。这些年份浙江省 K 值一直为正数，即税收对居民收入再分配效应具有正效应，同时说明个人所得税具有正向的累进性，且 2019 年个税改革后的累进性最大。

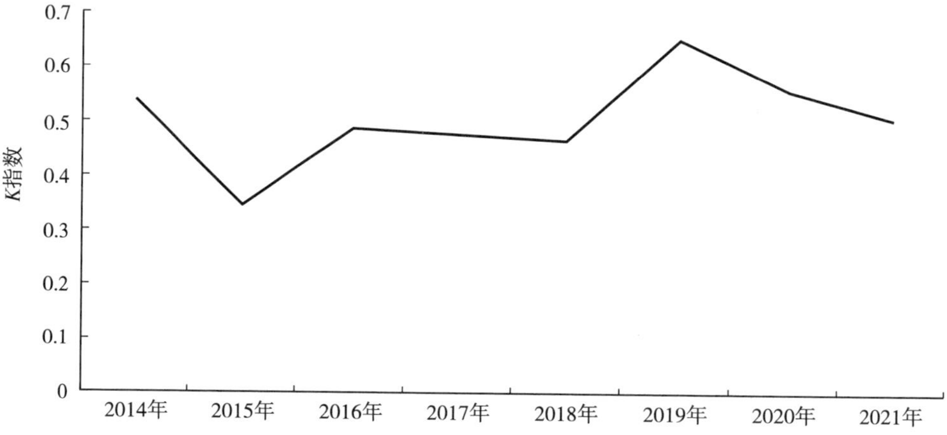

图 4-8　浙江省 K 指数

综上所述，结合 MT 指数、平均税率 t 和 K 指数三个指标来看，这三个指标均为正值，可以得出个人所得税对浙江省居民收入具备再分配效应，对浙江省居民收入差距起到了正向调节作用，但由于三个指标的数值并不大，因此效果有限，如 MT 指数始终仅在 0.01 附近徘徊，平均税率虽提高但仍然低于 0.03，K 指数在 2015 年到 2018 年一直处于 0.5 以下水平，2021 年又下降到 0.5 左右，而总体累进性并不高，因此整体再分配效应不显著。

四、新个人所得税存在的问题与不足

本研究通过对浙江省税前和税后基尼系数、MT 指数以及累进性指标等数据的分析，可以看出虽然经过 2018 年最新的个税改革，开展了综合分类征收制，增加了专项附加扣除，但我国个税在调节收入方面仍然存在许多不足的地方，比如综合课税范围较小、专项附加扣除缺乏变动机制、税率结构不够合理、个税征管效率有待提高和居民纳税遵从度不高等问题。

1. 个税的综合课税范围较小

个税改革虽然采用了混合征收制，但在现行的综合分类合并征收模式中仍然存在分类税制，没有把所有所得纳入综合征收，综合课税的范围还是太小。目前只将四类所得类型纳入综合所得计算范畴，倘若不考虑特许权使用费所得，那么四类中其他三类都属于劳动所得性质的收入，但适用于分类征收形式的所有所得收入中，剔除掉经营所得和偶然所得，其他类型所得都属于资本性质的收入。我国个税改革实施主要目的就在于更好地发挥其收入再分配效应，明确个人所得税按照应税所得主体的收入性质进行划分，有助于国家调整社会收入目标任务的达成。对属于劳务性质项目的劳务所得实行综合平衡计税，进行充分合理的劳务费用税前扣除；对各种资本性收入的应税所得实行分级核定计税，进行了重点的照顾，以便于更好地合理调整社会收入分配。同样在考虑对纳税人现有所得进行项目综合分类征税时，应当首先考虑如何将该项经营活动所得纳入项目综合分类征收范畴。

2. 专项附加扣除缺乏变动机制

在 2018 年新修订的个税改革制度中，为了减轻居民的收入负担，新增加了六项专项附加扣除，极大地减轻了居民的生活压力，起到了非常积极的作用，但是这种扣除标准仍然不够完善，仍有可以改进的地方。首先，我国基本的费用扣除即起征点的设置，并没有找到以物价指数为基础灵活变动的处理机制。随着我国经济的不断发展，人民生活水平的不断提高，我国整体的物价水平也在不断攀升，因此物价的长期稳定提升必然会影响个税免征额的改革效果。人均收入在不断增长的同时，个人所得税的税负也是增长的，这对刺激消费的作用十分有限，对我国现阶段低迷的经济增长不具有正面效果。目前个税费用扣除制度大部分受益群体是已婚家庭，这会给未婚未育的家庭形成少扣除项目的情况。

3. 尚未采用家庭联合申报机制

目前我国个税申报仅是个人税种，未以家庭为单位进行申报。虽然我国当前实施家庭税制的条件和时机尚未成熟，但考虑社会和经济发展的趋势，家庭联合申报必定是我国个税改革的未来方向。一方面，家庭税制能够体现国家税制完善性与社会公平性，在税制完善和治税公平的政府或国家，纳税人是根据家庭具体情况进行税前费用项目扣除操作，从而对于不同的支出有不同扣除额，如抚养子女数目不同、抚养子女健康程度不同等。随着我国教育、住房和社保等领域的深入改革，家庭与个人负担的相关费用也将呈现出明显的差异。现行定额扣除税制并未充分考虑家庭和个人的各项负担，也不能合理扣除不反映税收负担能力的部分。而家庭税制能以一个家庭的实际支出情况作为基础进行申报和费用扣除，比我国现行的个人税制更能突现量能征税原则和社会公平性。另一方面，采用家庭联合申报方式也可以充分发挥调节收入分配的功能，防止纳税人分散所得和减少逃避税现象，实现按综合能力纳税，能缩小家庭贫富差距，促进社会和谐。

4. 税率结构不够合理

目前，我国的个税综合所得税率采用3%～45%的七级超额累进税率，存在着税率级次过于复杂、高收入人群适用税率过高等问题，这样不仅会影响税收再分配效应的发挥，甚至还会影响经济的发展。因为税率档次过多、计算复杂，形成一定程度的制度设计成本流失，还会达不到调节收入分配的基本需求。现行税率表的税率级距呈现的是前紧后松，这会导致低收入层级的个体会快速累进到更高税率，而高收入层级的个体，累进适用税率的提升相对缓慢。另外，综合所得中大部分是劳动类收入，适用税率高达45%，而除去综合所得以外的其他资本收入所得，基本上是以25%的税率。如此大的税率差距，会极大程度地抑制个体通过劳动来提高收入的积极性，阻碍经济的发展。

5. 个税征管效率有待提高

个人所得税具有纳税个体人数多且分散的特点，并且扣除项目多而繁杂，想要保证个税可以更加快速有效准确地征收，那么完善的征收管理体系和严格的稽查方式则是必不可少的。但是由于扣除项目涉及了很多个人和家庭信息，在征管方面个税还存在着许多信息不对称的问题。一方面，个税的信息共享平台还没有完全建立，很多新型收入来源和收入类型具有隐蔽性，税务人员不易察觉，导致了个税课税的范围变窄和税收流失。这不单单要求工作人员具备较高的专业素养和识别税源类型能力，还要求税收征管人掌握的纳税人信息尽量全面系统和准确。但目前我国个税基本上是由纳税人的工作单位进行代扣代缴，这会使得征纳双方之间不能有效地建立起征纳机制以及高效的监督机制。另一方面，个税的代扣代缴形式也有待改善。现行的个税代扣代缴体系主要是工资薪金这一方面相对完善，而对于综合征收的其他类型所得，由于其收入的隐蔽性，若要进行单位的代扣代缴或者是源泉扣缴，难度是非常大的。

五、加强个税收入分配调节效应的对策建议

1. 研究结论

虽然浙江省居民可支配收入已经有了很大增长，但从绝对量来说，城镇与农村居民收入之间的差距仍然呈现不断扩大的趋势。本章在分析了浙江省居民可支配收入差距具体现状的基础上，通过浙江省的税前税后基尼系数、MT 指数以及两个累进性分解指标等数据，实证分析了个税改革对浙江省城乡居民收入差距和再分配的影响。结果表明，个人所得税虽然在社会收入的重新分配过程中也发挥着其正向的调节作用，但其调节效果不显著。主要原因在于我国个人所得税的平均适用税率普遍过低以及税收累进性调节不足等。

2. 改进路径

第一，逐渐扩大综合所得的征税范围。2018 年个税改革亮点是采用了综合分类合并征收方式，使我国的个税改革迈出了重要的一步，但目前这种模式还存在许多需要完善的地方。首先，在我国现在的综合所得项目中，劳动收入的 45％税率比其他资本性收入的 20％税率要高很多，这种税率差距会挫伤劳动者的积极性，抑制个人所得税的收入再分配效应。因此，建议将部分资本性收入逐步纳入综合课税的范畴，扩展综合所得纳税范围。其次，综合征税制度将个体的所有收入来源按照一定的比例实行加总去计算个人所得税，这将税率累进到比较高的层次，从而实现量能纳税和公平征税。另外，从税收筹划的角度出发，收入的综合征税可以降低其可操作性，增加筹划的难度，避免高收入者变更收入来源或者项目来合理避税。

第二，制定合理的费用扣除标准。首先，引入物价指数和通货膨胀指数。目前我国的费用扣除方法有定率扣除和定额扣除两种，但是更加完善的费用扣除制度应该将物价指数和通货膨胀指数等考虑在内。这样一个动态变化的费用扣除体系才能够更好地适应和包括纳税人的生活支出。若扣除额基本不变，那么随着物价上涨和通货膨胀，纳税人的生活支出不能较好地体现在费用扣除制度中。其次，扩大费用扣除项目的范围。随着我国经济社会的发展，人口老龄化日益严重，亟待通过改善个税制度、扩大费用扣除项目的范围来解决这一问题。除了要增加纳税人负担子女、老人及配偶的基本生活费用的扣除外，还应将教育、居住、医疗费用等这些维持家庭基本经济生活的必要支出列入税前准予扣除费用的范畴。若规定实行了上述三项费用的抵扣，则相当于由国家财政给予纳税人一定补贴。一旦引入了上述费用扣除，会减少个人相关的费用支

出，减轻整个社会的平均税负，发挥税收的收入再分配效应。

第三，引入家庭联合申报制度。世界上一般有两种纳税联合申报的方法，一种是实行个人联合纳税的申报，另一种则是实行家庭联合纳税申报。相较于第一种而言，家庭联合纳税申报方式更能符合目前国家对税制改革的总体要求。原因在于：个人纳税申请中的各项税前费用的扣除计算额是以个人的各项基本应税生活费用支出为基础，而家庭申报则是基于家庭生活负担。同时，以家庭为纳税单位能够符合税收的横向公平原则和量能负担原则的要求，可以有效发挥个税对居民的再分配作用、缩小居民之间的收入差距。

第四，健全税率结构体系。在我国现行税率表中，税率级距前窄后宽，若中低收入群体收入增长，那么会迅速累进到税率值较高的层次，导致收入微薄增加带来的税负加重，而高收入群体级距稍宽，收入额的增加并不会使其累进到更高层次的税率，这使低收入群体因税率急速累进而上交更多的税款，相反高收入群体却可以上交更少的税款，从而扩大收入差距。所以，建议适度拓宽中低收入者的税率级距，形成一种“U形”的税率结构，会更大程度地减轻中低收入水平的纳税负担，更好发挥个人所得税的收入再分配效应。

第五，加强个税的征收管理制度。虽然随着互联网和大数据手段的普及，我国税收征管能力有所提升，国民纳税意识也有所增强，但是针对综合课税制的有效实施，还需要继续加强个税征收管理能力。做好相关税收政策的宣讲，增强广大普通民众纳税人的税务意识，强化税务部门违法的惩罚力度，做到个人所得收入的依法纳税和征管。建立个人信用征信体系，将个人所得税的征管与个人信用体系互通，从而督促其依法依规缴纳税款。完善以个体自然人为单位的征收管理制度，逐步取缔以工作单位为代扣代缴单位的征税模式，促进个体纳税人主观能动性，提高纳税的遵从度。在个税的申报过程中，税务机关应与第三方政府机关构建信息查询通道，共同搭建信息共享平台，以此来提高征管能力和征管效率，使个税能够更好地发挥其作用。

第五章　养老金改革收入再分配效应的理论基础与文献综述

关于“养老金并轨制”和“收入再分配”研究，中外不少学者对其有过不同的探讨，由于在建立社会保障制度初期，我国养老金双轨的情况与其他国家有所不同，国外没有机关事业单位的概念，于是本章在搜索外文文献过程中用“国外公职人员”替代我们机关事业单位干部概念。现有的研究表明，统一机关事业单位和企业养老保险制度是目前的主流趋势，随着我国养老金并轨，对于促进公平制度改革政策评估又成了一个重要的课题。

一、概念内涵和理论基础

1. 概念内涵

（1）养老金双轨制。养老金双轨制产生于计划经济的特殊时期，主要是指机关事业单位和企业的工作人员并行两种在统筹方式和支付渠道均不同的养老保险制度（李彪等，2021）。其中，机关事业单位个人不需缴费却可以领取丰厚的养老金，而企业则实行社会养老金制度，个人必须缴费，缴费多但退休后养老金水平较低。这就造成了体制内外的退休人员养老缴费和待遇水平的差异。因此，养老金并轨改革是指打破原来的“双轨制”，机关事业单位与企业之间建立共同的基本养老保险制度，全面实行单位和个人缴费，逐渐消除机关事业单位与企业退休人员在养老金待遇水平上所存在的差距（童素娟等，2021）。2015 年 1 月，国务院发布《关于机关事业单位工作人员养老保险制度改革的决定》，标志着我国养老金双轨制正式终结，养老金并轨改革开始进入实质性实施阶段。

（2）收入再分配效应。收入再分配也称再分配，是指国民收入继初次分配之后在整个社会范围内进行的分配。国家的各级政府以社会管理者的身份主要通过税收和财政支出的形式参与国民收入再分配的过程。收入再分配效应是养老保险制度改革的核心目标，良好的养老金设计应当充分考虑其再分配作用，降低养老风险，防止老年人口陷入贫困（Barr et al.，2016）。各国养老保险制度改革的实证研究表明，很难在不损害任何一代人利益的前提下增进社会总福利水平即帕累托最优（Feldstein，1995，2005）。养老保险改革对收入的影响主要体现在养老保险费率的调整和收入的再分配上，而对消费的影响主要体现在对人们的储蓄和消费行为会产生资产替代效应和引致退休效应（宁光杰，2020）。一般情况下，养老保险改革是两种效应的加总，在不同的背景下，最终的影响方向也不同。

（3）共同富裕与养老金制度的关系。共同富裕是社会主义的本质要求，是人民群众的共同期盼。实现共同富裕不仅是经济问题，而且是关系党的执政基础的重大政治问题。让居民收入差距保持在合理范围之内是实现共同富裕的应有之义（孙胜梅等，2021）。我国社会保障领域 40 多年的改革探索为改善收入分配、促进共同富裕做出了一定的贡献，但这种贡献还不够大（何文炯等，2021）。现有基本养老保险制度发展不平衡，制度公平性、互济性明显不足，城乡之间、地区之间、群体之间差距过大，不同身份或岗位社会保障权益不同，甚至存在逆向调节现象（郑功成，2021）。因此，控制和缩小群体间的基本养老待遇差距、提高社会保障体系的整体收入再分配效应、积极推进高质量的社会保障体系建设，是实现共同富裕的关键性环节，影响着全社会共同富裕的进程（何文炯等，2021）。在某种意义上，机关事业单位养老金并轨改革是社会保障领域实现共同富裕的一项重要改革举措，在一定程度上实现了机关事业单位和企业基本养老保障制度并轨。

2. 理论基础与推导

（1）生命周期理论。生命周期（Life Cycle）的概念应用比较广泛，是指个体、家庭或组织经历出生、成长、衰老、生病和死亡的过程。生命周期理论是美国经济学家莫迪里安基于微观经济学中的消费者行为理论提出来。按照消费者行为理论，消费者是具有理性的经济人，能以合理的方式使用自己的收入进行消费，并实现效用最大化。生命周期假说认为，理性的消费者将根据效用最大化的原则来使用其一生的收入。该理论认为，人们会在较长周期规划自己的消费支出，从而达到整个生命周期的消费资源最优配置。即消费受终生所得的影响，两者之间存在相对稳定的比例关系。若个人预计在退休期没有收入（退休待遇）或预期收入（退休待遇）会降低，根据其预期寿命来安排收入用于消费和储蓄的比例。因此，基于生命周期理论的视角，养老金并轨改革之后退休待遇会发生变化，会对机关事业单位职员未来的消费支出结构产生影响。

具体的传导机制如图 5-1 所示。

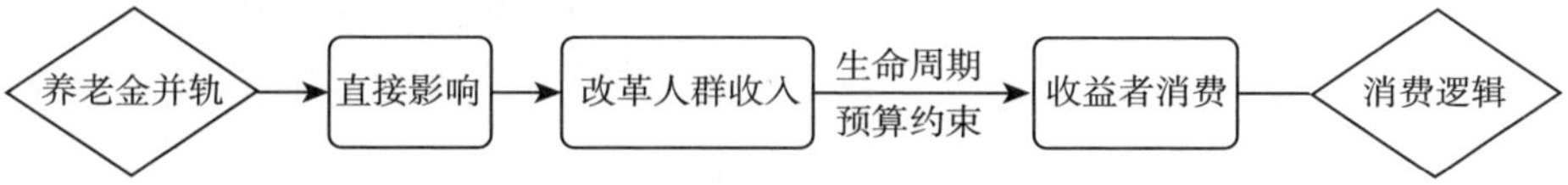

图 5-1　养老保险改革对收入与消费的传导机制

下面为模型理论解释传导机制：

生命周期的预算约束公式如下

$$X_{t=1}^{X} n_{s=1}^{t}\left[1+r_s\right]^{-1}\left[W_t(1-l_t)-C_t+B_t\right] \geqslant 0 \qquad (5-1)$$

其中，r_s 为 s 期利息率，W_t 为 t 期工资率，B_t 为发给的养老金，t 为该时间段的偏好程度，X 为死亡时间。

（2）收入再分配理论。收入再分配理论主要有功利主义、自由主义分配正义论、机会平等主义论和新旧福利经济学等，代表人物分别是边沁、罗尔斯、霍布斯和庇古。功利主义学派认为，任何的社会保险制度改革都很难做到“帕累托最优”，不存在完全不伤害一代人的利益的可能性。而功利主义学派认为，为了社会大多数人的最大利益而不惜牺牲少数人的利益是合理的。本次改革将改革群体分为老人、中人、新人，而新人这个群体的利益势必是损失最大的。虽然各地政府对其因养老金缴费而进行了适当的工资补偿（由工作所属行政规划及职级决定）和过渡性养老金补偿（由缴费年限、工资水平以及改革前后的养老金待遇差决定），获得补偿后的机关事业单位职员当期工资略高于养老保险费率调整前的工资水平。但考虑到改革后未来养老金下降的可能性，改革对整个生命周期净收入的影响仍不确定。根据功利主义理论，社会效应或社会福利是无数个个人各自效应的总和，政府应该促使社会每一个人效用总和的最大化，所以以此类推将机关事业单位人员进行叠加得到个人效用函数与约束公式，即

$$X_{q=1}^{z} X_{t=1}^{X}\left[1+r_s\right]^{-1}\left[(1-K)W_t(1-l_t)-C_t+B_t+\mu_{\omega}+\mu_{bt}\right] \geqslant 0$$

(5-2)

$$U_q = X_{t=1}^{X}\delta_{qt}u_{qt} \qquad (5-3)$$

其中，r_s 为 s 期利息率，W_t 为 t 期工资率，B_t 为发给的养老金，μ_{ω} 为工资补偿，μ_{bt} 为过渡性养老金补偿，t 为该时间段的偏好程度，X 为死亡时间，q 为机关事业单位人数，z 为机关事业单位总数。

而自由主义分配正义论则认为，养老保险改革应遵循底线公平的价值理

念，应最大程度关注底层群体的利益，强调劳动基础上的生存公平，“雪中送炭”而非“锦上添花”，维护社会公平、促进共同富裕。根据自由主义分配正义论，社会最大效用U_{max}是由社会各个群体尤其是底层弱势群体的效用最大化所构成，任何一个群体没有达到效用最大化，都会影响整个社会的综合效用，从这个层面来说也是符合共同富裕理念的。可以用公式表示为：$U_{max}=\max\min(U_1, U_2, \cdots, U_m)$。

机会平等主义论强调机会的平等，而非结果的平等。机会平等主义论认为，在一个公平正义的社会里，社会制度的设计应该是保证每个人平等地获得收入、财富、社会福利、公共服务等这些追求美好生活的基本益品。福利平等主义理论认为，分配公平正义的标准就是让每个人都有实现福利平等的权利，而不应该在体制内外造成太大的机会不平等。养老保险制度设计上应试图让社会上的每一个成员在制度公平性感知上达到平等，尽量忽视其客观环境和主观条件，基本养老保险权益不应与职工工资收入、文化程度、工作性质和职务职级等过多捆绑。

新旧福利经济学最大的区别在于：旧福利经济学更加关注分配的公平，并对弱势群体投以极大的关注；而新福利经济学则建立在自由市场经济的基础上，更加注重市场主体的自由，也更加关注社会的效率。但是新旧福利经济学都只关注收入再分配领域，对造成贫富差距主要因素的初次分配领域却置之不理。由于新福利经济学具有强烈的理想主义色彩，实际操作难度比较大，因此现实生活中我们主要还是采用旧福利经济学的理论。根据福利经济学理论，制度的公平性感知主要是基于对比体现出来的，如改革前后的利益损失、不同群体之间的比较、同一群体的内部比较、具有相同人力资本人群的体制内外比较以及城乡差异和地区差异比较。因此，严格来讲，制度的公平性感知与福利水平高低没有直接的相关关系，并不是福利待遇水平越高，制度公平性感知就越高，反之亦然。所以在养老金并轨改革中，某个群体的制度公平性感知较低，单纯地靠提高其退休待遇水平来提升其制度公平性感知恐怕很难快速奏效，而更重要的是看其选取的参考对象。例如：虽然在企业尤其民营企业看来，机关事业单位退休待遇已经非常不错，但是如果机关事业单位工作人员将某些在职收入很高、退休待遇也不错的国有企业作为参考对象，仍然有许多机关事业单位工作人员感受到制度设计上的不公平，同等职位级别国有企业在职收入更高。根据福利经济学的人均最大效用理论，得到个人效用函数与约束公式如下

$$\frac{1}{z}X_{q=1}^{z}X_{t=1}^{X}\left[1+r_s\right]^{-1}\left[(1-K)W_t(1-l_t)-C_t+B_t+\mu_{\omega}+\mu_{bt}\right]\geqslant 0 \tag{5-4}$$

$$U/q=X_{t=1}^{X}\delta_{qt}u_{qt} \tag{5-5}$$

其中，r_s 为 s 期利息率，W_t 为 t 期工资率，B_t 为发给的养老金，μ_{ω} 为工资补偿，μ_{bt} 为过渡性养老金补偿，t 为该时间段的偏好程度，X 为死亡时间，q 为机关事业单位人数，z 为机关事业单位总数。

（3）改革对消费的影响机制。对改革目标群体机关事业单位群体来说，尤其是“新人”群体，养老金并轨改革可以看成一次政策冲击。养老金并轨改革后，机关事业单位职员养老金缴费标准和计发标准的调整会对在职收入和退休待遇产生影响，因而会产生改革预期。这种改革预期在改革实际效果产生之前会对个人的消费行为产生影响。鉴于人们的消费水平主要取决于持久性收入而非暂时性收入，因此改革后机关事业单位职员如果预期到自身收入水平会下降，那么会引致消费水平的降低，反之如果目标群体没有收入水平下降的威胁，则会维持以往的消费水平。同理，如果目标群体预期改革会带来不确定风险，那么他们会挤压消费，增加预防性储蓄在收入中的比重。

二、文献回顾与综述

1. 养老金双轨制

（1）国外相关研究。由于国内外的政体不同，国外不存在机关事业单位，但国外的公职人员概念类似国内的机关事业单位工作人员，而国外的公务员养老保险、公共部门养老保险与国内机关事业单位养老保险概念相近。国外不少学者对公务员的养老保险问题进行了一系列研究，多数学者认为，发展养老保险制度，应当采取一体化的发展战略，若实施不同的养老保险制度，则会因复杂和不确定性，带来更多的风险。世界范围内，公务员养老金制度应主要朝着私有化方向改革（Douglas Fore，2001），公共部门与私人部门的养老金政策有越来越相同的迹象（Vinicius Carvalho Pinheiro，2005）。Hustead 等（2001）强调，公共部门的养老保险是养老保险市场的一个重要组成部分，提出了政府雇员的养老保险应该由政府和雇员公共承担。为了减轻公共部门的养老财政负担，加强劳动力自由流动，公共部门养老也引入了职业年金制度（Vinicius Carvalho Pinheiro，2005）。Feldstein（2005）研究了美国养老保险体系转轨的收入再分配效应。Behrendt 等（2000）发现私人养老金制度和公共养老金制度一样，其公平性取决于政策制度的设计，私人养老金会影响女性、老年人群及低收入者的利益。Yang 等（2005）分析美国公共部门养老基金的投资绩效和投资结构的关系，发现公共部门养老金的透明度和管理结构对基金投资结果会产生影响。Kotlikoff（1998）使用一般均衡模型研究了美国养老保险私有化的宏观经济效应。模拟显示，私有化有助于产出的增长以及生活水平的提高，不同收入群体都会从中获得收益，低收入群体的收益大于高收入群体。Schm 等（2007）对德国的养老金政策设计的变革研究表明，按照政策设计方向从强制性公共养老金到自愿性私人养老金制度的转轨，以及从收益确定型计划到缴费确定型计划的改变，将会导致养老金收益的降低。而 Van Vliet Olaf 等（2012）则认为从公共养老金到私人养老金的制度改革中，并没有证据表明私人养老金会导致老年群体的收入不平等。Margherita Borella（2004）通过对意大利养老制度改革的收入分配效应的研究，认为意大利从收入关联性计划向缴费基础型计划的改革有助于减少收入分配的不平等。

（2）国内相关研究。2015 年 1 月，国务院发布了《关于机关事业单位工作人员养老保险制度改革的决定》，我国养老金并轨改革开始了实质性实施阶段。在改革前后，学者研究侧重不同：改革前，学者侧重如何并轨的方案研究（卢驰文，2008；王晓军等，2013；米红等，2014；陆明涛，2013），是采取“帕累托”改进（郑功成，2011；朴曙光，2005），还是削“峰”填“谷”（蔡恩泽，2011），是事业单位单独改，还是机关事业单位一起改（程恩富等，2009）；改革后，学者则更关注改革现状与问题（郑秉文，2015；高和荣，2015），改革有没有解决公平性问题（朱浩，2018；徐静，2016；陈建辉等，2019；朱梅等，2016；余桔云，2015，2017），制度应如何完善（许鼎等，2016；穆怀中等，2017；王亚柯等，2016；沈毅，2016；杨燕绥，2015）。

改革前后关于养老金并轨改革的主要观点和代表学者如表 5-1 所示。

表 5-1　养老金制度并轨前后学术界研究的不同侧重点

时间点	关注重点	主要观点	代表学者
改革前	如何并轨	并轨采取“帕累托”改进	郑功成，2011；朴曙光，2005
		削“峰”填“谷”加速并轨	蔡恩泽，2011
		反对事业单位“单臂突进”	程恩富等，2009

（续）

时间点	关注重点	主要观点	代表学者
改革后	现状问题 制度优化	价值取向：底线公平	高和荣，2015；何文炯，2018
		从“碎片化”到“大一统”	郑秉文，2015；房国荣，2016
		改革没有消除身份差异	朱浩，2018；徐静，2016； 李飚等，2021；于新亮等，2021
		制度设计如何完善优化	许鼎等，2016；王亚柯等，2016； 郭雅洁，2017；韩缨，2017

资料来源：根据相关文献整理所得。

在机关事业单位养老保险改革如何实现并轨、缩小待遇差距上，不同的学者有不同的意见。传统学者（郑功成，2011；朴曙光，2005；任闽育，2007；彭升等，2012）认为，不同行业之间养老金的差别要靠“帕累托改进”来微调，就是在不损害另外一部分人既得利益的基础上，为一部分人增加养老金。还有一些学者，如蔡恩泽（2011）等，则认为应破除传统思维模式，企业养老金的增长速度赶不上机关事业单位，实践证明“帕累托改进”不再是破解“养老金双轨制”的灵验法宝，就高不就低的传统做法应当打破，应该通过削“峰”填“谷”的方法来加速并轨，将那些偏高的养老金适当降一点，以此缩小不同群体之间的差距。企业和机关事业单位养老保险采取不同的制度设计，产生了许多矛盾，并轨是可能解决矛盾的唯一途径（郑秉文，2009；王延中，2009；李珍，2010；米红等，2014），但在改革方案上反对“单臂突进”，提倡机关事业单位一起改革（程恩富等，2009）。为了解决转制成本，李爽（2010）认为可以变现部分国有资产，将收益划归养老保险基金。赵立航等（2010）定量分析了改革前后养老保险待遇计发办法的收入再分配效应。

机关事业单位养老保险改革正在推动养老保险制度设计从“碎片化”到“大一统”（郑秉文，2015）。高和荣（2015）认为，机关事业单位养老保险改革必须要回答的首要问题是价值取向，否则就会照搬照抄西方发达国家的养老保险理论，走进这些国家养老保险制度业已形成的“死胡同”。这就需要深化对公平的认识，抛弃那种无差别的、普遍高福利的公平，选择一种体现差异性、注重基础普惠的底线公平作为机关事业单位养老保险制度改革的价值取向。在我国养老金双轨制引发的争议，待遇差异并不是最根本的，而是“双轨制”所内涵的“身份区隔”以及相关联的权利和义务关系。尽管双轨制呈现出从身份走向契约的发展趋势，但是不可否认这种改革只是在形式上实现了制度统一，实质上面临诸多公平性的指责。养老金制度所形成的“路径依赖”以及利益群体的反对使得双轨制改革只能采取“增量改革”，但这在很大程度上并不能消除原有制度身份所造成的差异（朱浩，2018）。徐静（2016）认为，养老金并轨在时序模式上是从制度并轨到待遇并轨的有效制度的建构过程，制度并轨是前提和保障，待遇并轨是导向和目的。通过比较发现，当前改革在制度模式、缴费机制、个人账号规模、待遇计发方式等方面与企业养老保险采取相同的制度设计，实现了与企业养老保险核心制度上的并轨；然而在参保范围、缴费基数、职业年金等方面不同的制度设计，使得机关事业单位工作人员仍然享受着较高的养老待遇，养老金“双轨制”问题仍将继续存在。许鼎等（2016）在养老金精算公平框架下采用加入年龄成本法构建精算模型，根据改革后机关事业单位养老保险制度运行实际情况测算基本养老保险统筹账户的精算应计负债，全面评估了机关事业单位养老保险制度未来的偿付能力，并评估了合意缴费水平的国民财富效应（陈洋，2017）。王亚柯等（2016）研究发现，在仅考虑基本养老保险的情况下，改革后机关事业单位的养老保障水平在较大程度上低于改革前；加上职业年金后，机关事业单位人员的保障水平得到较大程度的补偿，但不同性别和不同收入群体的补偿程度有所差异。杨超等（2017）根据精算模型，并轨后机关事业单位的平均替代率达到了制度性目标水平，但与并轨前相比均有所下降。浙江省是全国出台机关事业单位养老保险制度改革方案较早的省份。郭雅洁（2017）和韩缨（2017）对浙江省养老金并轨后存在的政府新人问题、关系接续障碍、职业年金引发的不公平等问题进行了探讨，并提出了相应的对策建议。

虽然养老金并轨改革已经实施多年，但是养老金并轨改革基于减小改革阻力的角度出发采取“增量改革”的方式，导致养老金并轨改革并没有完全破解原有制度困境。从现有文献来看，改革将机关事业单位纳入基本养老保险缴费范畴，实现了基本养老保险的“制度并轨”，在一定程度上消除了机关事业单位和企业之间的退休待遇差距，促进共同富裕的实现。但是，改革过程中地方政府出台的一些特定政策导致了新差距、新问题的出现，从而在一定范围内一定程度上加大了不同群体之间退休待遇上的差距，从而引发收入再分配逆调节的后果。国内学术界关于养老金并轨改革的研究主题如下：①制度设计的公平性问题。李飚等（2021）构建“并轨”后新入职职员的养老金替代率精算模型，测算结果表明，养老保险制度改革会在一定程度上降低“新人”的基本养老金替代率，但由于职业年金的补充作用，总养老金替代率水平仍然可以维持在一个合理的水平上；改革后“新人”的养老金替代率不仅与缴费年限相关，而且受到缴费基数、个人账户投资收益率以及职业年金投资收益率的影响，更加具有激励性。何文炯（2018）认为，改革中利益损失主要在“中人”群体的利益，“中人”的不公平待遇已经凸显。张煜（2018）表示我国实行养老金并轨改革，并轨之后不但没有解决并轨前遗留的代际不公平问题，反而有所加重。陈卓诣等（2017）表示，改革“中人”群体由于没有视同缴费的时间，财政应补偿能够缴足15年养老金的“中人”人群，否则就会出现新的不公平现象。房国荣（2016）研究指出，机关事业单位养老保险制度改革后，由于计发方式等的差异性，使其与企业之间的差距仍在进一步扩大，因此公平性问题还存在较大差距。②事业单位分类改革不彻底的问题。胡妮嫚（2021）对事业单位养老保险并轨现状进行研究，指出养老金并轨改革有待进一步完善，并对养老金并轨改革实施现状及存在的问题进行归纳分析，同时为改善养老保险制度、提升员工福利，提出具体的对策建议。苏晓丽（2018）从事业单位分类改革的角度进行说明，认为其改革仍不彻底，部分应改为企业制的单位仍未退出事业单位管理序列，从而仍然享受着机关事业单位在养老待遇上的优惠。陆佳（2018）认为由于历史遗留问题，改革前企转事人员中其断缴的问题未有清晰表达，从而会加重社会养老保险基金的收支不平衡。③养老金并轨转制成本较高问题。高倩（2021）指出，机关事业单位薪酬改革存在一定的滞后性、用人单位的压力在逐渐提升、养老金转轨的成本过高等，建议事业单位不断完善薪酬制度、建立偿还机制、降低转轨成本、建立专项的资金项目监管、根据地域和行业之间的差异确定延长缴费的年限，提高基金的统筹层次。谢蓉（2021）建议，通过建立新的运行机制，降低养老金制度转轨成本，促进养老保险的真正并轨。刘娟（2018）认为，养老金实现并轨以后，根据“老人老办法，新人新办法，中人逐渐过渡”的基本原则，“中人”在过渡期间将会消耗大量财政资金。郝丽等（2017）认为，“中人”是本次养老保险制度改革转制成本最高的人群，实现平稳过渡是养老金并轨改革的重点和难点。许晨（2018）研究发现，养老保险制度的改革中薪酬制度的不完善将产生巨大的负面效应。④“隐形双轨”仍然存在的问题。于新亮等（2021）选取2010—2018年中国家庭追踪调查数据建立双重差分模型进行实证检验发现，养老金并轨在改变“制度双轨”的同时依然没有改变“事实双轨”的存在。养老金并轨并没有缩小机关事业单位养老保险与企业职工基本养老保险保障水平的差距，反而在并轨后增加了两者保障水平的差距，养老金并轨促使公共部门员工离职倾向下降。朱浩

(2018)指出，养老金并轨改革中养老金指数与工资增长挂钩的机制以及职业年金的建立，会使企业职工与机关事业单位人员之间的实际差异持续扩大，机关事业单位人员仍旧依靠所有制身份和政治身份在福利分配中获得广泛的利益。王翠琴等（2017）认为，伴随着养老金并轨改革实施的职业年金制度未来很有可能引起机关事业单位、国控单位和民营企业之间退休待遇“隐形双轨”的问题。韦小超（2018）为，由于机关事业单位职业年金是强制实施的，但是企业年金却是自愿缴纳的，这样可能再次造成体制内外养老待遇收入差距的拉大。文太林（2018）通过分析发现，在后双轨制时代公共财政对城镇职工补贴多而城乡居民补贴少是缺乏向弱者倾斜的公正原则的。这种情形下，公共财政不仅未起到再分配的作用，反而进一步扩大两者的差距。赵琳（2018）认为养老金并轨带来了价值公平的问题。并轨后，机关事业单位的养老金仍然要高于企业的养老金。与此同时，城乡之间的养老金也存在着一定的差别。最后，基于职业缴费的补充养老保险，其不同职业在职业年金方面出现差距。⑤养老金制度继续优化的政策建议。为了解决养老金并轨制度当前存在的问题，我国部分学者也提出了多方面的意见。刘桂莲（2020）表示，只有摆脱社保基金的收益率低下问题，才可更好地解决未来人口老龄化背景下的养老问题。李晓晟等（2017）认为，我国部分地区的机关事业单位养老基金已经出现收不抵支的情况，并提出了开源节流的正常建议，从而保证养老基金的可持续性。2020 年 5 月 18 日，国务院颁布的《关于新时代加快完善社会主义市场经济体制的意见》强调，实施企业职工基本养老保险基金中央调剂制度，从而实现养老保险全国统筹，促进养老保险基金持续健康发展。何文炯（2018）在养老金缺口问题上认为应该科学筹集养老保险资金。李云蕾（2018）提出要对养老金进行专款专用，完善监督机构，确保保值增值。何秀（2020）表示企业年金和职业年金是我国补充养老保险制度的重要内容，同为“第二支柱”，其主要目的是提高和保障退休职工的收入。沈毅（2016）认为，养老金并轨制度应该与时俱进，做到高度和现实情况融合，建议职业年金和企业年金合并。

2. 收入再分配效应

(1) 国外相关研究。纵观国内外现有文献，主要从收入再分配效应和对经济增长（储蓄率和资本积累）的影响两个角度探讨养老保险制度的福利效应（黄丽等，2017）。20 世纪 90 年代后期，随着各国养老保险制度从现收现付制向基金制转轨的完成，学术界不像以前那么关心两种制度模式孰优孰劣，而是将关注主题变为“构建适合各国经济社会条件的增进社会总福利水平的养老保险制度”（World Bank，2005）。而各国养老保险制度改革的实证研究表明，很难在不损害任何一代人利益的前提下增进社会总福利水平，即帕累托最优（Feldstein，1995，2005）。学者们开始尝试在养老保险研究中注入“发展”成分，开始重视人力资本和社会组织的促进作用（Carlo et al.，2008；Cigno，2003；Guslman et al.，2001），并将社会政策的收入再分配功能和生产性的投资功能进行整合（Midgley，2001，2012；Gibert，2005），兼顾长期和近期目标，促使社会福利最大化（Barr，2008；Diamond，2009），这为养老保险福利效应研究提供了一个新视野（表 5-2）。

表 5-2 养老保险社会福利效应的主要研究视角和代表人物

主要研究视角	代表学者
收入再分配效应	Alessanda et al.，2008；Wang et al.，2011；Barr，2000；Angus Deaton et al.，2002；Kotlikoff，1998；Whiteford，2010；Lee，2011；Kotlikoff et al.，1999；Corona-do et al.，2000；何新立，2007；彭浩然等，2007；董琪等，2011；黄丽，2009；王翠琴，2012；任文雯，2012；王延中，2012；韦璞，2016；郑晓冬等，2018；刘中海，2018
对经济增长的影响	Feldstein，1947；Barro，1976；Blanchard，1992；Venti et al.，1990；Aaron，1982；Davis，1995；Diamond，1995；Nick weaver，2013；Avraham Ebenstein，2010；World Bank，1997；柏杰，2000；封进，2004；袁志刚，2001；郑伟，2002；郑伟等，2003；万春等，2006；何新立，2008；蒋云赟，2010；边恕，2007

资料来源：根据相关文献整理所得。

国外学者研究养老保险的收入再分配功能一般从收入再分配效应、收入差距与福利效应、收入再分配分析工具等维度来研究，其主要研究主题如下：①养老保险制度的收入再分配。养老保险制度实际上是一种分摊风险的机制（Merton，1983），社会保障性支出的再分配和减贫效果要优于税收（Whiteford，2010；Wang et al.，2011）。养老保险计划的收入再分配效应不仅存在代际收入再分配，还存在家庭之间的收入再分配（Julia Lynn Coronado et al.，2002）。MDC Boado-Penas（2017）通过分析 14 个欧洲国家现行现收现付模式下的社会保障制度，评估各国养老保险的收入再分配效应。Alessandra Casarico（2018）以美国为例，证明在完全资本流动条件下，养老金制度的资金投入程度的差异会导致不同代际和不同国家的福利效应差异。Ole Beier Srensen（2016）认为加拿大、丹麦、荷兰和瑞典拥有先进的多支柱养老金制度，收入再分配效应较显著。María del Carmen Boado-Penas（2020）认为政府可能有一定的空间从混合养老金制度中受益。Lee（2011）用不同的方法研究了养老保险在不同收入、不同种族、不同性别以及不同教育背景人群之间的再分配效应。国外学者 Carlo 等（2006）的研究显示，意大利的养老保险制度改革并没有使养老金的发放产生正向的均等效应，反而加大了家庭财产分布的不平等程度。许多第三世界的养老保险制度没有实现其应有的收入再分配功能，不利于缩小收入差距（Burkhauser et al.，1981）。Rodrigo（2008）的研究证实，智利的养老金改革对低收入群体内部的收入再分配效果不太显著，很多智利退休者的养老金需求并未得到满足。而尼泊尔普遍非缴费的养老保险制度具有显著的减贫效应（Lena Anderson，2000）。②收入差距与福利效应。Takeshi Miyazaki（2019）通过分析 1984—2009 年日本家庭微观数据，发现年轻人的收入分配效应大幅降低，年轻人和老年人之间收入再分配效应的差异加大。Alon yakter（2019）认为，福利国家并没有全面削减富裕群体利益，而是有选择地优先关注贫穷弱势群体的利益保护，通过财政转移支付保护他们的收入再分配利益。Lixinhe 等（2013）认为，公共养老金提高了低收入和老年人群体的收入，但是养老金制度的收入再分配效应并没有抵消初次分配不平等的扩大。Leimer（1994）发现，在美国大萧条时期，养老社会保险制度通过代际再分配机制来缓解老年人的贫困。英国社会保障支出也具有较强的缩小收入差距作用（Brown et al.，2001）。在持久收入模型的框架下研究养老保险对收入及财富不平等的影响，发现养老保险可以缓解个人消费及资产的不平等，缩小收入差距（Angus Deaton et al.，2002），有助于提升老年人的福利，尤其是低收入老年人（Kotlikoff et al.，1998）。而社会保障的私有化不仅大大提高了富裕人群的终生收入，而且也大大提高了贫困人口的终生收入（Kotlikoff et al.，1999）。③收入再分配效应的影响因素。美国学者认为，工资水平高的群体比工资水平低的群体寿命长，领取养老金给付期限也相应较长，制度运行会导致相对贫穷群体向富裕群体的逆向再分配，这样部分削弱了由高收入者向低收入者的正向收入再分配效应（Corona-do et al.，2000；Gustman et al.，2001）。Barr（2000）运用 OLG 模型研究表明，完全基金制养老保险的代际再分配效应取决于宏观经济波动情况。如果经济发生非预期通货膨胀，会造成从老年人向年轻人的收入再分配；反之，若发生非预期通货紧缩时，则会发生从年轻人向老年人的收入再分配；若通货膨胀与通货紧缩是可预期的，则不存在收入的代际再分配。Thomas Schelling（1981）认为对于社会保障转移支付“政策问题应首先考虑以补偿的方式帮助不幸的人和弱势群体”，同时质疑“通过经济政策把富人的收入转移给穷人的这种方式是否能真正帮助穷人”。养老保险收入再分配不只与收入关联，还与预期寿命、工作年限、性别等因素相关联（Feldstein et al.，2002）。④养老保险收入再分配分析工具。Gini（1922）根据洛伦茨曲线，通过计算判断分配平等程度的指标——基尼系数。Kuznets（1995）提出分析再分配的著名的“倒U形”假设。Feldstein（1974）首次提出用养老金财产来衡量收入再分配效应。

（2）国内相关研究。国内关于社会养老保险福利效应的研究起步较晚，始于20世纪90年代，研究主要是借鉴国外相关理论对我国社会养老保险改革的福利效应进行分析。传统观点认为，社会养老保险的福利效应主要通过收入再分配来实现。对于养老保险制度是否具有收入再分配效应，包括对在职人员与退休人员之间的收入差距调节，学者们的见解并不一致。主要观点如表5-3所示。

表5-3　国内外社会养老保险的收入再分配效应研究的主要观点和代表学者

主要观点	代表学者
正向调节效应	陈建东等，2011；王晓军等，2009；张勇，2010；Merton，1983；刘欢，2018；Whiteford，2010；Wang et al.，2011；何立新等，2008；刁薇，2011；黄丽，2009；刘中海，2018；Julia Lynn Coronado et al.，2002；李实等，2017；刘翘楚，2017；闰琳琳，2012；Leimer，1994；Brown et al.，2001；Kotlikoff et al.，1999；Angus Deaton et al.，2002；Kotlikoff et al.，1998
逆向调节作用	鹏浩然等，2007；高霖宇，2009；卢自华，2010；王茂福，2012；香伶，2006；邓旋，2011；王亚红，2010；刘沙，2010；任文雯，2012；王延中，2012；龙朝阳等，2011；庞志等，2017；韦璞，2016；Carlo et al.，2006；Corona-do et al.，2000；Gustman et al.，2001；Burkhauser et al.，1981
正负影响均存在	Ervik，1998；Barr，2000；Thomas Schelling，1981
调节作用不明显	徐梅，2008；Feldstein et al.，2002；Rodrigo，2008

资料来源：根据相关文献整理所得。

一些学者认为，养老保险制度对居民收入再分配有正向调节效应（陈建东等，2011；王晓军等，2009；张勇，2010）。刘欢（2018）认为，养老保险对老年收入再分配效应是正向的，养老金的收入再分配效应最大，比医疗保险、社会救助更大。何立新等（2008）认为，中国城镇社会保障制度在一定程度上缩小了个人收入差距，但社会保障再分配的收入转移主要不是从高收入人群向低收入人群转移，而是从劳动年龄人群向老年人群转移，即再分配主要不是通过收入层次间的再分配，而是通过代际的收入再分配实现的。刁薇（2011）和黄丽（2009）研究结果显示，农民从农村养老保险制度中获取的总收益高于总缴费额，养老保险制度有助于改善城乡居民之间的收入再分配状况。农居保中央财政补贴有利于缩小中西部收入差距，提高农村社会福利水平，具有正向收入再分配效应（刘翘楚，2017；刘中海，2018）。与农村养老制度相比，我国城镇养老保险制度的收入再分配的调节作用更强。李实等（2017）发现，社会保障对收入再分配的调节作用在城市地区更为明显，社会保障的再分配效果主要是通过就业人群与退休人群间的收入转移实现的。闰琳琳（2012）认为，统筹层次能在更大范围内实现养老保险的收入再分配功能。

另一些学者认为，养老保险制度对居民收入再分配更多起到的是逆向调节作用（鹏浩然等，2007；高霖宇，2009；卢自华，2010；王茂福，2012）。香伶（2006）认为，我国社会保障改革中存在大量的累退效应，这种累退效应不是促进劳动者在公平原则下得到社会福利，相反却是距离公平的原则越来越远。时至今日，由于对社会保障制度建设的基本减贫目标重视不够，致使我国社会保障的减贫作用收效不甚理想，某些地方甚至出现“逆向分配”的现象，即社会保障的实施有利于富裕人群，而不利于贫困人群（韦璞，2016）。我国社会保障体制存在逆向收入再分配，社会保障支出扩大了城乡收入差距（邓旋，2011）。王亚红（2010）认为，我国转移性收入没有起到应有的作用，主要原因在于各地区经济发展水平相差大造成的地区转移性收入支付的差异。刘沙（2010）认为，我国现行社会保障制度在收入再分配方面仍处于非公平、非均衡的状态，主要表现为城乡居民之间、各行业之间、不同社会群体间再分配差距大。任文雯（2012）运用了我国部分省份城镇居民的收入分组数据测算，在绝大多数年份和省份，社会保障收入再分配效应都是负值，说明各省份的社会保障收入再分配非但没有缩小收入差距，反而进一步扩大了收入差距。王延中（2012）指出，由于我国养老保险制度的覆盖面低、财政投入有限、制度设计不健全，导致我国养老保险制度对居民收入分配具有逆向调节效应，使得我国居民之间的收入差距不断拉大。现收现付的筹资方式还会造成养老金制度参保成员与养老金投资相关参与主体之间的隐性的逆向收入再分配（龙朝阳等，2011）。我国不同养老保险制度的基础养老金差别很大，从而在一定程度上扩大了不同老年群体之间的收入差距（庞志等，2017）。

此外，还有一部分学者认为，养老保险制度对收入再分配的调节作用不明显。徐梅（2008）以 CHNS 的家庭收入数据为基础，通过对比分析退休者家庭的收入基尼系数变化情况得出结论：在长时期内养老保险制度的收入再分配作用不明显。在新农保对农村老年人主观福利的影响机制方面，相对收入效应的贡献最为明显，这表明新农保促进农村老年人主观福利的主要原因并非物质层面的经济支持，而是精神层面剥夺感的减少，以及安全感与获得感的增加（郑晓冬等，2018）。

三、简要述评

机关事业单位养老保险并轨改革是促进养老保险可持续发展、保障收入再分配公平、扎实推进共同富裕的必然选择。收入再分配效应和对经济增长的影响是探讨机关事业单位养老保险并轨改革福利效应的两个主要维度，主流模型是代际交叠模型。20 世纪 90 年代后期，随着各国养老保险制度从现收现付制向基金制转轨的完成，学术界不像以前那么关心两种制度模式孰优孰劣，而是将关注主题变为“构建适合各国经济社会条件的增进社会总福利水平的养老保险制度”。国内关于社会养老保险制度福利效应的研究开始于 20 世纪 90 年代，起步相对较晚，缺乏系统性和深入性；对城镇职工基本养老保险改革的福利效应有一定研究，但对农村社会养老保险和养老保险的城乡差异探讨较少；从收入再分配效应的维度研究相对更多，从对经济增长（储蓄和资本积累）的影响维度探讨较少。

通过文献综述可以发现，学术界关于养老金并轨改革的收入再分配效应研究比较丰富，对本研究的深入推进具有较大的参考价值，但仍有进一步拓展的研究空间。首先，养老金并轨改革前的研究以定性居多，定量较少，改革后定量增加，以精算模型、预测仿真、财政居多，这种单一视角的孤立研究易使改革偏离“增进社会总福利、促进共同富裕”这个大目标。而不管改革前后，倾向于实证分析的地区研究常常被做成“对策建议”式的地方策论。其次，现有研究“实践先行、研究滞后”的现象普遍存在。养老金并轨改革已经推行多年，制度运行中出现了一些新情况、新问题，但相关学术研究相对于实践发展显得滞后。制度设计的初衷是美好的，但是在实际运作过程中，常常是多方利益博弈的结果。其中有促进改革深入实施的力量，同样也不乏阻碍改革实施的力量。

本研究在现有文献基础上做了以下五个方面的创新与推进，希望在一定程度弥补现有文献的不足。

第一，借鉴合成控制法的思想寻找对照组并构建双重差分模型（DID）。养老金并轨改革的目标群体是机关事业单位工作人员，可以视为双重差分模型的处理组。机关事业单位正式在编人员具有高学历、高素质、业务能力强等特征，属于社会精英人群，与一般企业职员的人力资本差异较大。因此，在构建模型的时候，寻找与处理组相互匹配的对照组难度非常大，本研究借鉴了合成控制法的思想，将国控单位而非现有研究较多采用的企业单位作为对照组，在一定程度上解决了因劳动者素质能力差异而带来的内生性问题。

第二，创新性地将准自然实验引入养老保险研究领域。准自然实验是社会科学研究的一种方法。相对于真正的自然实验而言，准自然实验采用一定的操控程序，利用自然场景，灵活地控制实验对象。其优点在于所要求的条件灵活，在无法控制所有可能影响实验结果的无关变量时，具有广泛的应用性。本研究将准自然实验的研究方法引入养老保险研究领域，是一种值得肯定的探索和尝试，这将在一定程度丰富社会保障学科的研究方法。

第三，运用多方利益博弈的视角评估养老金制度改革效果。本研究从养老金并轨改革是多方利益博弈的视角，基于机关事业单位内部“泛福利化”的工资补偿政策削减改革效果的假设，在已有研究基础上从政策冲击对不同地区机关事业单位劳务报酬、消费水平、净收入增长、地区基尼系数等指标来衡量工资补偿政策对改革收入再分配效应的削减作用，希望在一定程度弥补现有文献的不足。

第四，运用平行趋势检验和安慰剂实验提升模型稳健性。为进一步确认模型估计值的可靠性，我们选择了平行趋势检验和安慰剂检验，对控制变量与处理效应进行交互。结果显示，平行趋势假设成立，双重差分模型稳健。

第五，从实地调研中发现问题、解决问题，提出对策建议。本研究贯彻“学以致用”的理念，用实际行动服务于经济社会发展和广大人民群众关心的问题，从实地调研中发现问题、解决问题，并提出针对性的对策建议，具有较强实践意义。

第六章　机关事业单位养老保险制度改革的现状评估

2015 年 1 月，国务院颁布《关于机关事业单位工作人员养老保险制度改革的决定》，标志着我国养老金双轨制正式终结，养老金并轨改革开始进入实质性实施阶段。截至目前，养老金并轨制度已经实施多年，浙江作为高质量发展建设共同富裕示范区，有必要积极评估机关事业单位养老保险制度改革的政策效果。为了更好地评估改革的效果，我们对改革目标群体即机关事业单位职员和企业职员发放调查问卷，主要从政策实施、公平性感知、改革目标群体以及问题与未来展望等维度来评估。

一、研究方法与样本信息

1. 文献分析法

利用现有文献资料，收集国内外相关主题的文献资料，调查数据和研究案例，梳理国内外养老保险和收入再分配领域的相关文献以及各国社会保障改革的相关经验与启示，从而为本研究提供理论基础和实践经验。

2. 统计与计量法

利用国家官方统计数据、社会公开调查数据以及实地调研获得的一手数据，构建双重差分模型和净收益模型，进行基础回归、面板单位根检验等统计与计量分析，从政策冲击对不同地区机关事业单位劳务报酬、消费水平、净收入增长、地区基尼系数等指标，来衡量工资补偿政策对改革收入再分配效应的削减作用，从而考察浙江省养老金并轨改革对收入再分配的影响。数据主要来源于《2019 年中国城市（镇）生活与价格年鉴》《2019 年人力资源与社保统计年鉴》以及 2019 年课题组实地调研获取的问卷调查数据。

3. 实地调查法

课题组于 2019 年赴丽水人力社保局、云和人力社保局、青田人力社保局、缙云人力社保局进行了调研访谈，对上述社保局的不同部门，如工资处、就业处、劳动人口兼专计处、人才处、社保中心、市场中心以及信息处理中心等进行实地调研，之后根据调研情况进行个别人员深入访谈。访谈内容主要是：对养老金并轨改革的实施现状、实施过程中遇到的困难及解决办法、并轨对机关事业单位职员工资收入的影响、目前基金运营情况和收支情况等进行深入了解。访谈资料主要起到对问卷调查数据、官方统计数据、社会公开调查数据的补充说明和辅助印证作用。

4. 问卷调查法

通过抽样调查方法，对机关事业单位职员和企业职员发放问卷，评估浙江省养老金并轨改革的现状和问题，主要从政策实施现状、制度公平性感知、改革利益群体和改革问题与展望等维度来评估。问卷发放的具体情况如下：为了保证调研样本的代表性，本研究采取线上与线下相结合、纸质版问卷和网络问卷相结合的方式。2019 年，课题组在浙江杭州、宁波、温州、丽水等地区选取若干个政府办事大厅和企业机构，分别对政府窗口人员和企业人员发放问卷，线上线下共发放问卷 1 000 份，剔除无效问卷 90 份，最终获得有效问卷 910 份，实际有效率为 91%。问卷内容主要分为五个部分：样本信息、政策实施、公平性感知、改革目标群体以及问题与未来展望。使用 SPSS 软件对问卷进行信度检验。信度检验使用 Cronbach 系数进行判别，总量表信度为 0.908。根据信度分析判别标准可知，本次调查中设计的量表的信度是比较高的，说明量表测量结果可信度完全可以接受，量表具有较好的可靠性和稳定性，调查结果的可用性和可信性较高。

在此对问卷中设计的各项问题进行解释，问卷共分为五个部分：第一部分是对受访者基础信息的采集，第二、三部分是对改革普及状况的评估以及改革中公平性的反应，第四、五部分是针对具体改革目标的调查以及为更好地完善改革制度的调查。表 6 - 1 是对具体问题的解释。

表 6 - 1　问卷设计解释

题目	目　　的
第 10 题	调查受访者对此次养老金并轨制度的了解程度，以便筛选部分无效问卷
第 11、12、16 题	调查人们对自己养老保障的了解程度，是为了后续的问卷分析提供准确性参考；第 16 题可以得知在现行的养老金制度下，人们的退休金水平具体数额区间，了解受访者的退休金是否会影响其对此次养老金并轨改革的支持度
第 13 题	可以得知在现行的养老金制度下，人们的退休金水平具体数额区间，了解受访者的退休金是否会影响其对此次养老金并轨改革的支持度

（续）

题目	目　　的
第 14 题	调查受访者对其现有或者将来所领取的退休金的满意程度，主要是为了研究其对退休金的满意程度是否会影响他们对养老金改革的支持度，以及探究退休金的社会现状
第 15 题	调查现有的养老金制度的社会现状，为此次养老金改革提供数据支撑，也能够了解现行养老金制度的社会贡献度
第 17 题	可以探究受访者对养老金改革的态度，为后续各地区的改革进程提供参考
第 18 题	可以具体知道人们对现行养老金制度的评价与感受。通过受访者选择该制度利大于弊或弊大于利，都可以了解其对养老金改革的态度
第 19、21 题	第 19 题是站在机关事业单位的角度上，调查养老保险改革是否符合公平正义，第 21 题则是站在职工与事业单位共同的角度上，评判养老保险改革是否符合了双方的公平正义，是否维护了双方的利益
第 22 题	主要调查大家认为本次养老金制度改革不公平的具体原因，为后续改革的完善提供数据参考
第 23 题	从群众角度了解目前机关事业单位养老保险改革所存在的问题
第 24 题	了解群众期待的改革方向问题，为未来养老保险改革提供方向
第 25、26 题	第 25、26 题均是从本次养老保险改革的优点出发，理解养老金改革的意义，其中第 25 题更偏向于询问养老保险改革在制度方面的突出成果，第 26 题则更偏向于社会意义层面的突出结果
第 27 题	作为开放性问题，询问被调查人“养老保险改革是否解决了企业与机关事业单位养老待遇的公平性问题”，对第三部分公平性感知的总体满意度进行补充，并收集群众的改革意见
第 28 题	对被调查人员中机关事业单位人员的总体分布进行调查
第 28、29 题	第 29 题是在收集机关事业单位人员对于“老人老办法、新人新办法、中人逐渐过渡”这一措施的必要性的看法，28、29 题共同构成不同机关事业单位人员对于本次养老保险改革的部分看法
第 30、31 题	第 30、31 题通过被调查者了解养老保险改革对群众的具体影响，其中 30 题关注养老保险改革的深度，31 题则关注养老保险改革的合理性以及群众在本次改革中关心的问题

资料来源：根据调查问卷题项整理所得。

此次问卷调查的样本均来自浙江省，线下主要在杭州、宁波、温州、丽水等地的政府行政办事大厅对办事人员发放，以及给部分企业员工发放。调查问卷样本分布情况如下：①性别分布。男性受访者占 52.42%，女性受访者占

47.58%。②地区分布。样本中温州占27.25%，丽水占21.54%，杭州占21.21%，宁波占11.10%，其他地区占18.90%。③工作状态。在职人员占93.30%，退休人员占6.70%。④户籍分布。城镇受访者占大多数，比例为69.45%；农村受访者占30.55%。⑤年龄分布。受访者平均年龄为36岁左右，其中占比最高的为31～40岁的中青年人群，比例为38.35%，其次为41～55岁的中年人群，比例为22.64%，而26～30岁占20.00%，16～25岁占12.64%。⑥工作年限分布。受访者工作年限30年以上占9.56%，21～30年占11.21%，11～20年占31.76%，6～10年占18.02%，1～5年占29.45%。⑦工作单位分布。政府机关占15.49%，事业单位占26.59%，国有企业占10.55%，民营企业占23.41%，灵活就业人员占11.21%，退休人员占2.09%，其他人员占10.66%。由此，本次调查覆盖了养老金并轨过程中最重要的两类人群——机关事业单位和企业群体，结果有一定可靠性。⑧学历分布。初中占3.85%，高中/职高占6.92%，中专占2.97%，大专占12.97%，本科占56.48%，硕士占11.10%，博士及以上占3.41%。⑨婚姻状况。已婚占72.53%，未婚占27.47%。具体样本信息见表6-2。因此，本次问卷调查一定程度覆盖改革相关人群，但仍有局限，可作为参考依据。

表6-2　样本信息统计

维度	具体指标	人数（人）	占比（%）
性别	男	477	52.42
	女	433	47.58
年龄	16～25岁	115	12.64
	26～30岁	182	20.00
	31～40岁	349	38.35
	41～55岁	206	22.64
	55岁以上	58	6.37
职业与岗位	政府机关	141	15.49
	事业单位	242	26.59
	国有企业	96	10.55
	民营企业	213	23.41
	灵活就业人员	102	11.21
	已经退休	19	2.09
	其他	97	10.66

（续）

维度	具体指标	人数（人）	占比（%）
地区	杭州	193	21.21
	宁波	101	11.10
	温州	248	27.25
	丽水	196	21.54
	其他	172	18.90
工作状态	在职	849	93.30
	退休	61	6.70
户籍	城镇	632	69.45
	农村	278	30.55
参加工作时间	1～5 年	268	29.45
	6～10 年	164	18.02
	11～20 年	289	31.76
	21～30 年	102	11.21
	30 年以上	87	9.56
学历	小学及以下	21	2.31
	初中	35	3.85
	高中/职高	63	6.92
	中专	27	2.97
	大专	118	12.97
	本科	514	56.48
	硕士	101	11.10
	博士及以上	31	3.41
婚姻状况	已婚	660	72.53
	未婚	250	27.47

资料来源：根据调查问卷数据整理所得。

二、养老金双轨制发展历程

新中国成立后，我国机关事业单位养老保险制度与企业职工养老保险制度已经历了六十多年的发展历程。两者各自发展，也经历了分轨、统一、分轨、并轨的过程。通过对城镇职工养老保险制度改革的政策梳理，可以厘清养老保险制度变革背后的时代背景与价值目标。初期，我国在养老保障方面进入制度构建阶段，企业职工与机关公务员分别依据不同的制度文件独立执行退休方案，虽然政策规定所有劳动保险费用都由单位承担，但整体上企业职工的养老待遇要高于机关工作人员，养老保险“双轨制”特征初显。随后，为缓解机关工作人员与企业职工之间的养老待遇差距，改革尝试将两者的退休办法进行关联，在养老金缴纳与发放两方面实行科学性的统一，城镇职工养老保险出现了短暂的统一阶段。在养老保险制度初步建立阶段（表 6－3），我国正处于大规模经济建设阶段，国有企业扮演重要角色，因此企业与机关部门在当时社会的地位不相上下，企业养老待遇甚至比机关高出许多倍（谭红，2021）。

表 6－3　制度初步构建阶段政策梳理

时间	政策文件	主要内容
1951 年 2 月	《中华人民共和国劳动保险条例》	企业职工退休养老金待遇为本人工资的 70％
1955 年 12 月	《国家机关工作人员退休处理暂行办法》《国家机关工作人员退职处理暂行办法》	与企业退休条件相同的机关工作人员退休金标准为本人工资的 60％
1957 年 11 月	《关于工人、职员退休处理的暂行规定》	退休条件放宽；退休费标准根据连续工龄长短分为 40％、50％、60％、70％四个档次

受“文革”事件冲击，1969 年 2 月颁布的《关于国营企业财务工作中几项制度的改革意见（草案）》取消社会统筹的养老保险制度，我国养老保险制度因无人管理而处于停滞阶段。“文革”结束后，在改革开放的时代背景下，中央和政府针对具体需求如安置老干部等方面进行相关决策部署。国务院出台相关方案分别规定机关干部与企业职工的离退休制度，政府人员和企业职工养老制度再次回到“双轨制”状态。离退休干部具体福利待遇规定的出台为未来机关事业单位职工退休高福利待遇的实施打下了基础。20 世纪 90 年代初，企业职工养老保险制度开始进行试点改革，明确企业职工养老保险与机关事业单位养老保险分别由不同部门制定具体改革措施。在该阶段，我国经济体制发生变革，民营企业飞速发展，“双轨制”的形成顺应社会结构发展趋势(表 6－4)。

表 6-4　“双轨制”阶段政策梳理

时间	政策文件	主要内容
1978 年 6 月	《国务院关于安置老弱病残干部的暂行办法》《国务院关于工人退休、离职的暂行办法》	明确机关事业单位职工养老保险制度改革由人事部负责
1980 年 10 月	《关于老干部离职休养的暂行规定》	干部离休后在医疗、住房、用车、生活品供应等方面，应当优先照顾
1991 年 6 月	《关于企业职工养老保险制度改革的决定》	逐步建立起基本养老保险与企业补充养老保险和职工个人储蓄性养老保险相结合的制度
1993 年 11 月	《中共中央关于建立社会主义市场经济体制若干问题的决定》	深化企业和事业单位改革，建立多层次的社会保障体系
1995 年 3 月	《国务院关于深化企业职工养老保险制度改革的通知》	解决养老保险模式和计发办法改革问题，建立基本养老金正常调整机制

机关事业单位养老保险制度的发展进程较企业职工养老保险制度的改革速度来说相对缓慢，公职人员的养老待遇一直依赖政府兜底保障。20 世纪 90 年代后期，为缓解城镇职工待遇不对等现象，全国各地开始尝试进行机关事业单位养老保险制度改革，但并未对整体制度框架进行重塑，“双轨制”破除效果不明显。2008 年 2 月，国务院颁发《事业单位工作人员养老保险制度改革试点方案》，试点内容包括事业单位工作人员与单位共同负担养老费用等方面。由于受到社会各界质疑与阻挠，试点工作进展困难，效果不尽如人意，但为之后的并轨改革提供了珍贵经验。

2015 年 1 月，国务院颁布《关于机关事业单位工作人员养老保险制度改革的决定》（以下简称《决定》），意味着养老双轨制正式破除，机关事业单位养老保险与企业职工基本养老保险实施统一的社会养老保险模式。《决定》在制度模式、计发办法、领取条件等多方面进行修改，保证了新制度实施的公平性与可持续性。机关事业单位养老保险制度改革内容具体如下：

1. 制度模式与筹资方式变化

改革前，机关事业单位养老保险制度模式为单位统一保障。改革后建立了国家、单位、个人共同承担的“三位一体”养老保险制度，为“统账结合”的部分积累制，筹资方式为单位和个人均按照一定比例缴纳。社会统筹部分和个人账户部分机制不同，其中单位负责缴纳社会统筹部分，该部分实行现收现付制，单位的养老保险缴纳额为员工个人缴费工资基数之和的20%，用于当期发放；个人账户由职工个人缴费，实行基金累积制，养老保险缴纳额为本人缴费工资的8%，产权归个人所有。实行部分积累制以后，退休人员的养老金来源于两种模式，一部分来自现收现付模式，另一部分来自基金积累模式，该模式既能体现收入再分配作用中的代际转移，又能达到激励缴费、提高工作效率的目的。

2. 改革养老金待遇的计发办法

我国养老保险改革将机关事业单位参保人员划分为“新人”“中人”“老人”。不同群体的基本养老金待遇依据相应领取条件而定。“新人”指改革后即2014年10月1日后参与工作并且个人缴费达到15年的人员，在他们退休之后，社保基金按月为其提供基本养老金。“中人”指在改革实施前参加工作、改革实施后退休的人员。若“中人”缴费年限（含视同缴费年限）累计满15年，其基本养老金包括基础养老金、个人账户养老金与过渡性养老金。我国设立了10年的过渡期，在改革后10年内退休的职工按“保低限高”原则进行待遇调整。“老人”指改革实施前已经退休的人员，他们的退休待遇按照老办法实行，同时参与日后的基本养老金调整。

3. 设置改革前后待遇的衔接政策

机关事业单位工作人员在同部门内流动，只需转移养老保险关系，不转移养老基金。参保人员进行跨部门流动或跨统筹范围流动时，养老保险关系与个人账户养老金同时转移，个人账户储存额与缴费年限累计计算。个人账户基金按实际缴费工资或缴费年限进行转移。

4. 职业年金

职业年金是机关事业单位的补充养老保险制度，设立目的为提升公职人员养老待遇，弥补基本养老金福利损失。2015年4月，国务院颁布《机关事业单位职业年金办法》，规定单位按本单位工资总额的8%缴纳年金费用，个人按本人缴费工资的4%缴纳年金费用。职业年金管理方式为个人账户管理，实行积累制。参保人员可按月领取年金待遇，也可在退休后一次性提取。

三、养老金并轨改革现状评估

1. 政策实施现状评估

政策实施情况部分讨论了民众对于改革的认知情况、配套政策的推行情况以及改革实际效果等。基于调查问卷的统计数据可以发现，目前养老金并轨改革相关工作推进过程存在阻力，政策实施效果并不显著。首先从政策实施的角度看，民众对于机关事业单位养老保险改革、缴费比例、待遇水平了解程度都一般，因此养老金并轨改革在民众认知、政策普及方面都有较大的提升空间。如何让老百姓更加了解养老金并轨改革，是今后政府宣传工作的重点内容之一。此外，相当高比例的民众尤其企业群体表示，现行养老金制度方案下，缴费水平偏高，但是预期或实际养老金水平较低。

结合问卷对应题目，具体分析如下：

（1）民众对养老金并轨改革的了解程度。从图 6－1 可以看出，受访者对于机关事业单位养老保险改革有所了解，但认知程度一般。根据统计数据，有 43.5％和 27.5％的受访者表示了解一点或听说过机关事业单位养老保险改革，这占了受访者的绝大部分。仅 11.4％的受访者表示，完全了解机关事业单位养老保险改革的相关内容。由此可见，机关事业单位养老保险改革还需要进一步加大宣传力度，使改革深入人心。

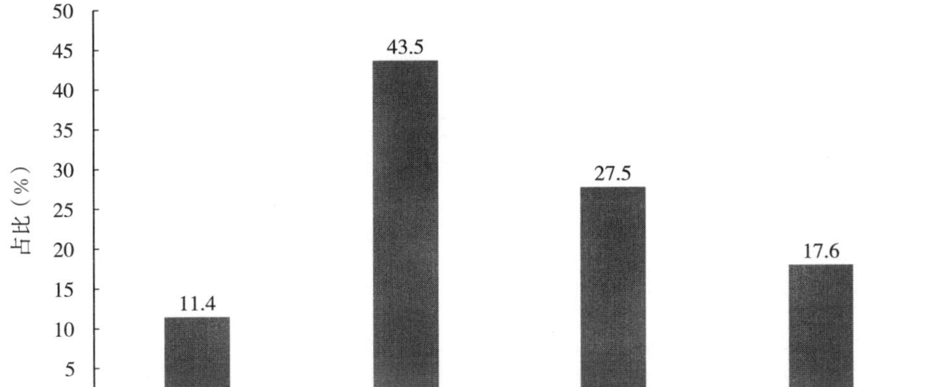

图 6－1　民众对机关事业单位养老保险改革的了解程度

（2）职业/企业年金制度的民众认知和政策执行。职业/企业年金制度是伴随着养老金并轨制度而产生的，其推行的主要目的是降低退休待遇的损失，减少改革阻力。但是，在现实执行中，该项制度的普及性和覆盖面并不高，机关事业单位是强制执行的，而企业并不是，由此可能会带来新一轮的不公平。根据问卷调查，仅有 45.9％的受访者表示自己所在的单位或企业建立了年金制度，18.6%的受访者所在单位或企业并没有建立年金制度，另有35.5%的受访者对于职业/企业年金制度完全不了解（图6-2）。职业/企业年金制度作为养老金并轨改革中的重要组成部分，无论是政策执行还是民众认知方面都需要继续提升。

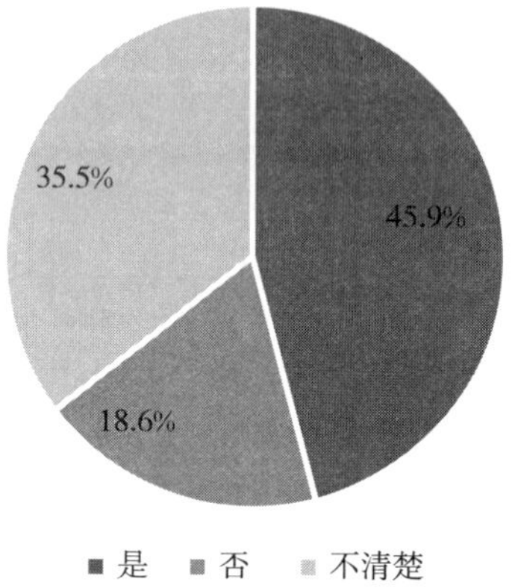

图6-2　职业/企业年金制度建立情况

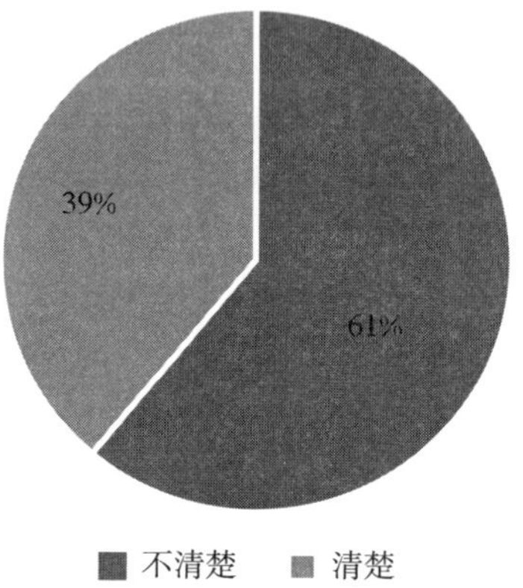

图6-3　民众对养老保险费具体比例标准认知程度

（3）养老保险缴费水平设计的合理性。对于养老保险缴费标准，61%的受访者表示不清楚具体的比例标准，仅有39%的受访者清楚相应标准。这说明在养老金改革过程中，养老保险缴费标准和计发办法的普及和宣传力度可能有所欠缺，或在计算方法的设计上有一定的复杂性而导致普通民众难以掌握，无法根据自己现有的在职工资、缴费标准、缴费年限准确地估计出退休后可以领取的养老金（图6-3）。根据问卷调查，49.5%的受访者认为并轨后的养老方案缴费水平是合适的。但分别有31.4%和11.6%的受访者表示并轨后的养老方案缴费水平较高或者太高，比例与认为“缴费水平合适”的受访者相差不多。可见并轨后的养老方案在缴费水平的设计上还有进一步优化的空间（图6-4）。

（4）民众对机关事业单位养老保险改革的评价。从图6-5可以看出，半数以上受访者对于此次机关事业单位的养老保险改革持支持态度，43.3%的受访者对此次改革持无所谓的中立态度，仅4.7%的受访者持反对态度。结果显示，养老金并轨改革得到了一定程度的民众支持，但仍有进一步提升的空间。政府后续工作可以着重提升民众满意度，让更多持中立或反对态度的民众尤其是企业群体，能实际感受到养老金并轨改革带来的好处，从而转变这部分人对

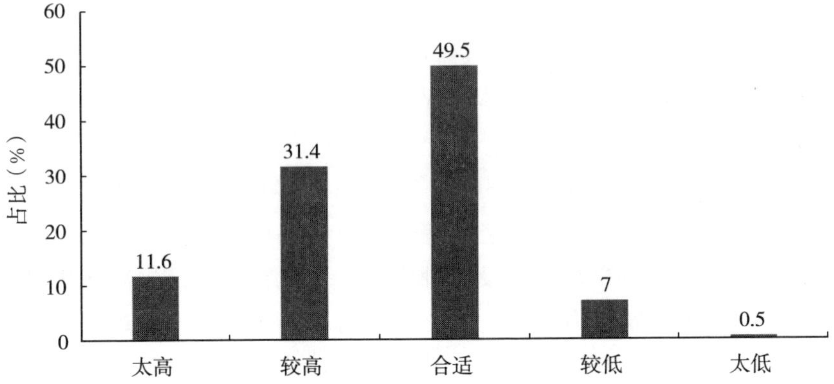

图 6－4　民众对现行养老方案缴费水平评价情况

于养老金并轨改革的态度，争取更多的社会支持。根据问卷调查，41.6％的受访者认为本次养老金并轨改革“利大于弊”，仅有 7.2％的受访者认为“弊大于利”（图 6－6）。由此可见，整体来看民众对于本次机关事业单位养老保险改革评价以正面为主。另有 31.2％的受访者对于改革不太了解，20％的受访者认为基本没有影响。这部分受访者占总受访者 50％左右，表明相当高比例的民众对于改革效果没有比较明确的认知，从侧面反映了养老金并轨改革需要进一步推进和优化。

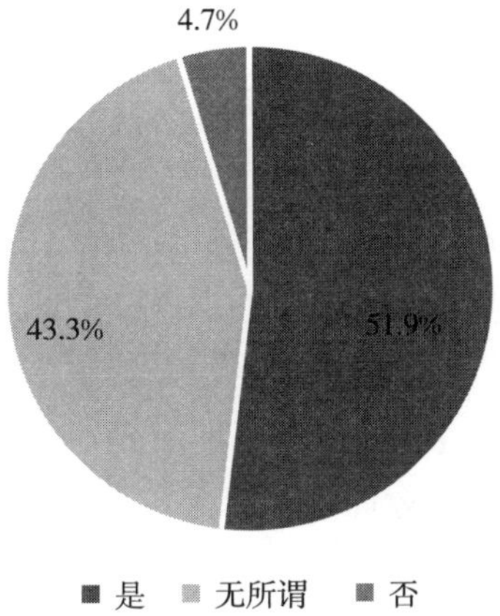

图 6－5　民众对于机关事业单位养老保险改革支持情况

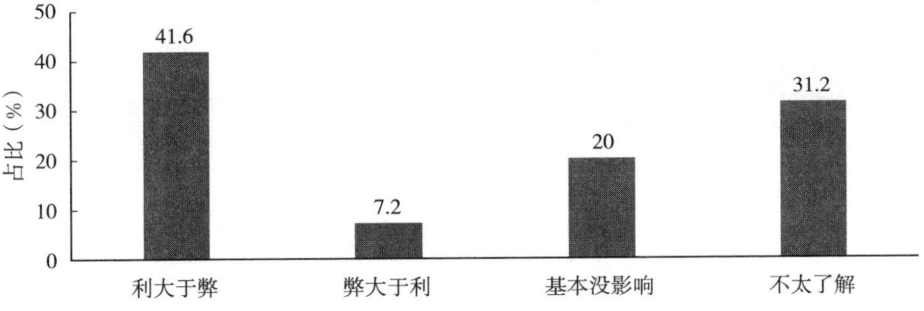

图 6－6　民众对本次养老金并轨改革的评价

2. 制度公平性感知评估

政策效用评价主要讨论改革推进过程中，民众对于改革本身以及改革成果的评价。目前民众对于养老金改革的评价以正面为主，很大一部分受访者对于改革持支持态度，这表明了目前养老金并轨的改革方向基本正确，民众认可度处在较为良好的水平。但同时有相当一部分民众对于改革没有明确的评价，这既印证了前一个部分民众对于养老金并轨改革认知程度不够的结论，又从侧面反映了养老金并轨改革存在一些没有触碰或涉及的领域，是日后深化机关事业单位养老保险改革需要努力的方向。此外，对于养老金并轨改革中民众最为关注的公平正义问题，根据受访者回答可以认为，养老金并轨改革在一定程度上符合公平正义，并且在政策实施中体现了公平正义。但是这种促进和提升效果并没有达到预期，不同体制、不同单位、不同岗位、不同人群之间养老金待遇差距仍然存在。

结合问卷对应题目，具体分析如下：

（1）民众对机关事业单位养老保险改革的公平性感知。关于民众对本次改革的公平性感知，62.9％的受访者认为，养老金并轨改革“很符合”（26％）或“有一些符合”（36.9％）公平正义的原则。而31.3％的受访者表示“无所谓”，仅5.8％的受访者表示现行改革“不符合”或“非常不符合”公平正义原则（图6－7）。由此可见，在养老金并轨改革推进过程中公平正义得到了一定的体现，但由于改革价值取向问题，本次改革并不意味着已经彻底实现了公平正义。

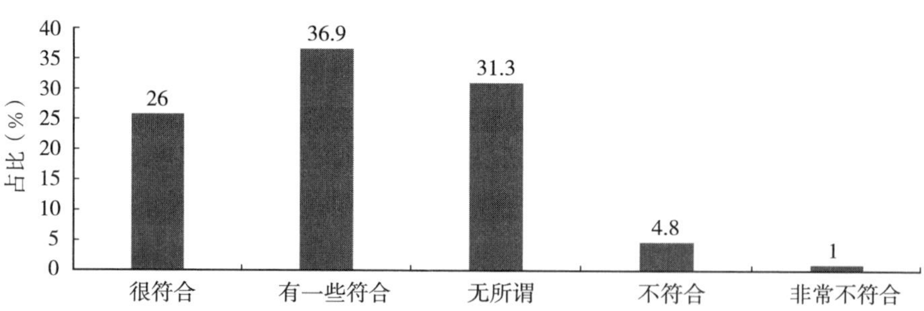

图6－7　机关事业单位养老保险改革公平正义符合情况

（2）机关事业单位养老保险改革是否缩小待遇差距。企业职工与机关事业单位人员之间养老金待遇差距是否公平合理，是整个养老金并轨改革中最核心的内容。根据问卷调查，42.8％的受访者表示，本次改革在一定程度上促进了公平，但企业与机关事业单位养老金待遇水平的差距仍然存在，仅有29.4%的受访者认为养老金待遇水平完全实现了公平，还有19.8%的受访者表示并轨后养老金制度尚未实现公平合理（图6-8）。从这一结果看出，养老金并轨改革后大部分民众认为养老金并轨改革仅仅实现了基本养老保险制度的统一，企业和机关事业单位养老金待遇水平的差距仍然存在，制度困境仍未完全破解。根据问卷调查，民众对养老待遇水平不公平感知的主要来源：排在第一位的是“不同单位之间养老金待遇水平存在较大差距”，占49%；其次为“同等岗位养老金差距”，占29.3%（图6-9）。

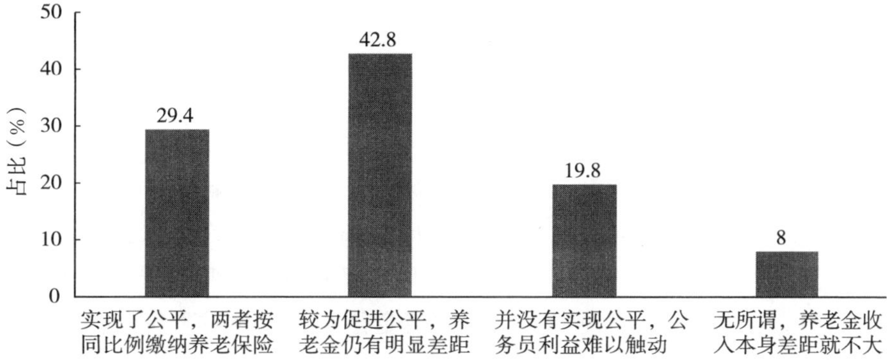

图6-8　企业职工与机关事业单位人员养老金待遇公平合理实现程度

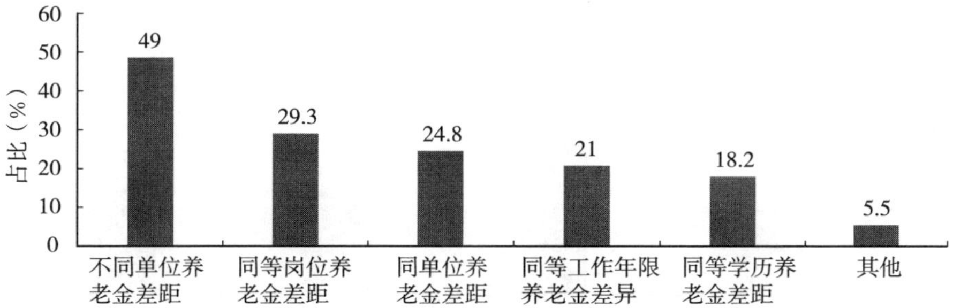

图6-9　养老金制度不公平的来源情况

（3）养老金待遇水平满意度评估。现行并轨改革方案下，企业受访者预期未来或已领取退休金的水平主要集中在每个月2 000元至4 000元。对于这样的退休金水平，仅有18.8%和4%受访者表示满意或者非常满意。用户的满意程度集中在一般（57%），不满意（16.2%）和非常不满意（4%）共占20.2%（图6-10）。由此可见，养老金并轨改革后，民众对自己将来或已领取的退休金水平满意度一般，并不高。

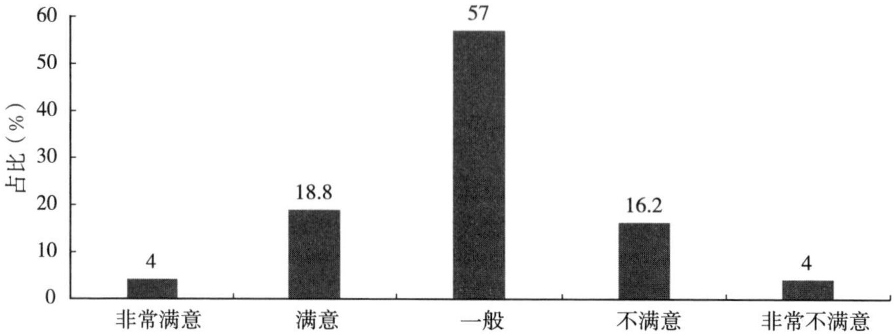

图 6-10　民众对自己将来或已领取退休金的满意情况

（4）养老金并轨改革对退休生活保障影响。根据问卷调查，47.7%的受访者表示当前养老金制度下的养老金待遇水平只能保障退休后基本的日常生活，另外有 18.4%的受访者认为，当前养老金制度下的养老金待遇水平不足以保障基本生活，会使得退休后生活水平下降。仅有 12.6%的受访者认为，以后的养老金待遇水平“完全可以”保障晚年生活所需，“没有任何后顾之忧”（图 6-11）。这也解释了为什么现行的养老金体系下民众对于自己将来或已领取的退休金水平并不满意。

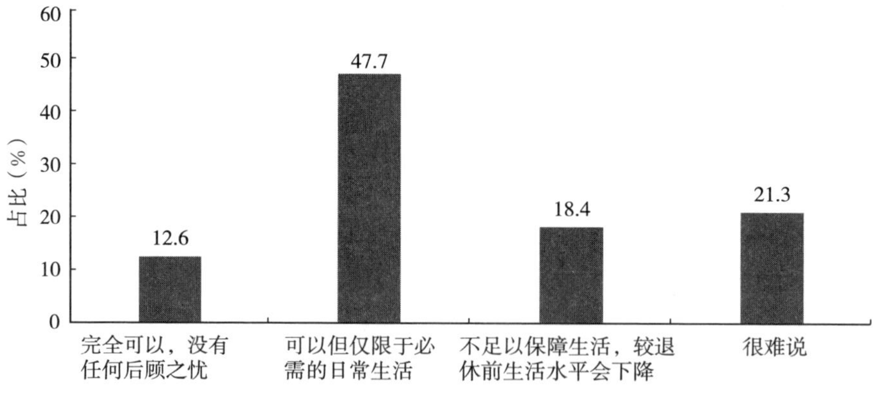

图 6-11　养老保险改革对退休生活保障的影响情况

3. 改革目标群体分析

问卷这部分是针对机关事业单位员工单独列出的问题，目的是进一步了解作为改革对象的机关事业单位职员对于本次养老金并轨改革的看法。在养老金并轨改革中，机关事业单位员工是利益牵扯最多、人群态度最复杂的一类民众群体，需要通过专门的调查进行梳理。在本次调研中，养老金改革的“中人”群体受访者对于改革持较为正面的评价，认为“非常有必要以及必要”。养老金待遇是否下降是所有改革目标群体面临改革时最担心、最关注的问题。他们更多认为，养老金并轨改革会影响当下或者未来的养老金待遇水平。可以推测的是，养老金并轨改革推进的潜在阻碍之一，很有可能是机关事业单位员工对于待遇可能会有变化甚至降低的预期。因而，解决机关事业单位职员的后顾之忧，在一定程度有望进一步深化机关事业单位养老保险改革，维护公平正义、促进共同富裕。

结合问卷对应题目，具体分析如下：

（1）机关事业单位养老保险改革对象分布情况。根据问卷调查，“中人”群体受访者占大多数，比例为61%；其次是“新人”群体，占比为31.8%；“老人”群体占比为7.2%（图6-12）。这样的比例分布在人员构成上是符合机关事业单位职工分布特点的。

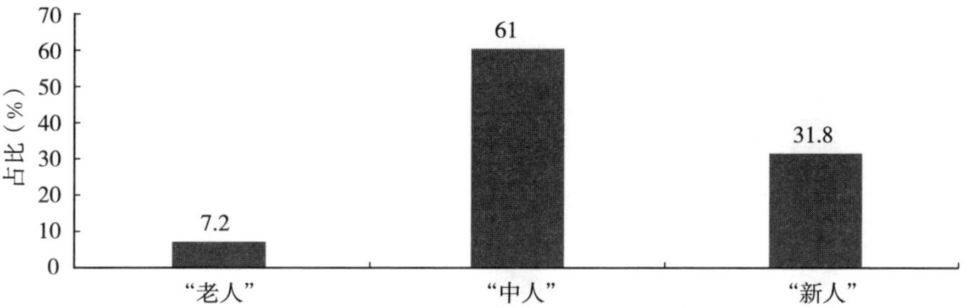

图6-12　机关事业单位受访者人群分布情况

（2）不同群体对改革过渡措施的认知情况。在对待“老人老办法、新人新办法、中人逐渐过渡”这一措施的态度上，不同人群的态度略有差异。不同人群的态度均主要集中在“非常必要”“必要”“一般”三个层次。细分来看，“中人”群体是受改革影响最大的人群，对于改革措施的主要态度为“非常必要”（38%）以及“必要”（37.6%）；“新人”群体则是利益受损较大的群体，由于主要是刚入职的群体，没有很多话语权，主要偏向于中庸态度，认为这一措施是必要的（47.5%），但是对于非常必要的认同度不及“中人”群体。由于改革采取“老人老办法”，并设10年的过渡期，所以“老人”是养老金改革中受影响最小的群体。但是，可能“老年”群体资历较老，社会经历丰富，因此看待问题比较谨慎，所以“老人”群体对改革必要性大部分持中立态度（图

6－13）。

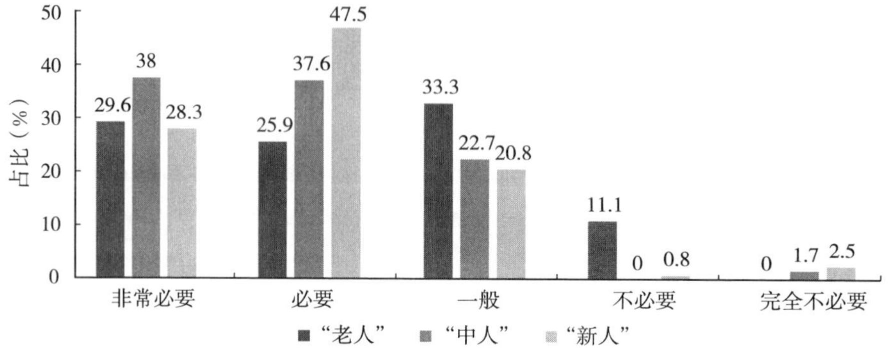

图6－13 “老人老办法、新人新办法、中人逐渐过渡”措施必要性的认知情况

（3）改革对象最担心、最关注的主要问题分布。从图6－14可以看出，57％的受访者表示“养老金待遇是否下降”是机关事业单位员工在面临改革时最担心、最关注的问题。其次是“养老保险基金管理是否完善”（37.7％）以及“养老金待遇是否可持续”（36.9％）。

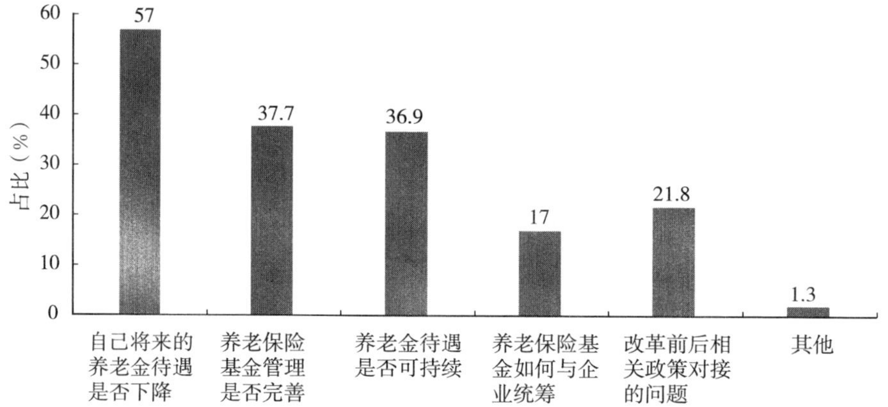

图6－14 机关事业单位员工对本次改革最担心、最关注的问题

（4）改革对机关事业单位养老金待遇水平的影响。38.8％机关事业单位受访者表示，本次改革不会影响当前的养老金待遇水平，但担心可能会影响今后的养老金待遇水平。25.8％的受访者表示，改革不会影响养老金待遇水平，21％认为会降低养老金待遇水平，仅14.4％表示会增加额外收入（图6－15）。这一结果表明，就机关事业单位工作人员而言，他们更多认为养老金并轨改革会影响当下或者未来的养老金待遇水平。机关事业单位工作人员对于养老金待

遇变化的预期容易成为影响养老金改革推进的潜在阻碍。保障其福利待遇水平是养老金并轨改革中必须关注的内容。

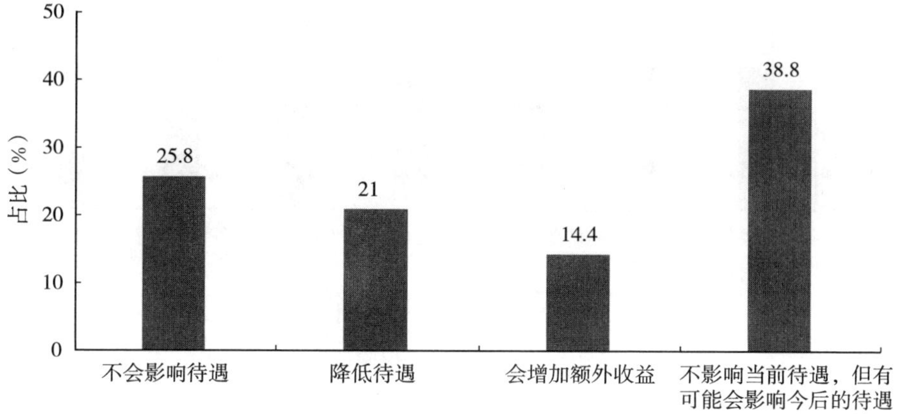

图 6-15　机关事业单位养老保险改革对养老金待遇水平的影响

4. 改革问题与未来展望

最后这部分是改革整体分析，主要从更高的视角评估养老金并轨改革，分析和讨论改革过程中遇到的问题，并做回应与展望。对于民众而言，各个利益群体之间待遇难以平衡是改革过程中遇到的首要问题，而今后改革过程中民众最迫切关注的问题是企业如何提高养老金待遇水平。这一诉求与政策实施部分民众对于现行改革方式下的养老金并轨改革评价是相吻合的。此外，民众表示机关事业单位和企业实行统账结合的养老保险制度是改革中最主要的亮点，而改变养老保险双轨制以维护社会公平、缓解社会矛盾促进社会发展的核心价值是养老金并轨改革最有价值部分。

结合问卷对应题目，具体分析如下：

（1）机关事业单位养老保险改革的主要问题。从改革整体考量，受访者认为本次改革存在的主要问题是，各个利益群体间养老金待遇水平难以平衡（47.5%）、机关事业单位和企业养老金制度不融合（37.7%），以及仅在制度层面并轨，养老金待遇差距依然存在（33.7%）（图 6-16）。这三个方面的主要问题在上一部分提到的公平正义问题有所涉及。这进一步证明了养老待遇公平问题是民众迫切希望能解决的问题，但目前的改革方案尚未很好地解决这个问题，制度困境仍然存在。

（2）机关事业单位养老保险改革的未来方向。对于机关事业单位养老保险

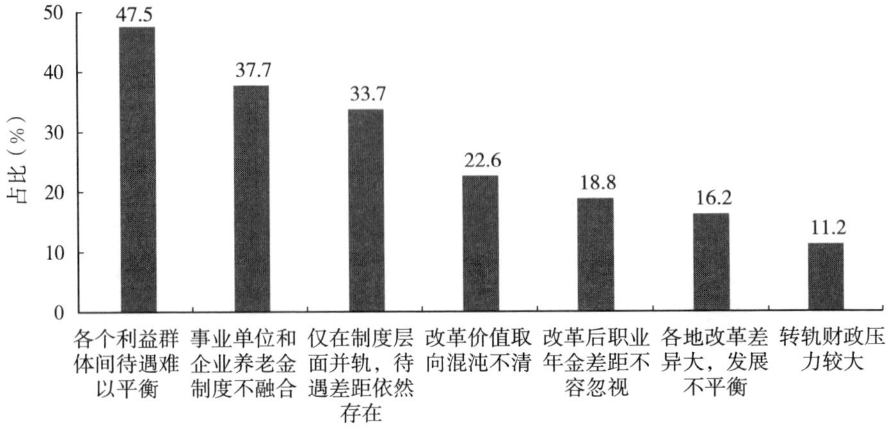

图 6－16　机关事业单位养老保险改革的主要问题

改革的未来方向，“提高养老金待遇水平”（52.6％）是受访者最公认的改革方向。这也从另一个角度印证了前面部分受访者对于养老金待遇水平的不满意。此外，“全社会养老保险体系统一”（47.3％）是除养老金待遇水平以外受访者普遍关注的排在第二位的问题（图 6－17）。这一结果表明了民众对于目前不同地区政策差异有一定的意见，并且可以推测这也可能是导致民众认为养老金改革不公平的原因之一。

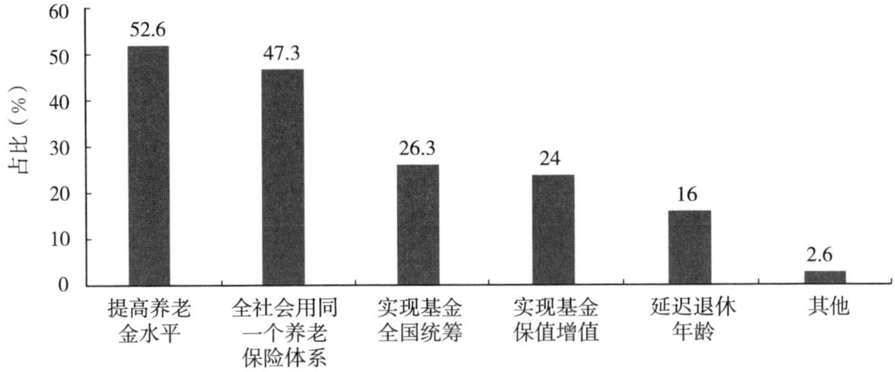

图 6－17　未来机关事业单位养老保险改革方向

（3）机关事业单位养老保险改革的主要亮点。民众不仅看到了养老金并轨改革的问题，还肯定了本次改革的一些亮点。排在第一位的是“机关事业单位与企业实行统账结合的养老保险制度”，其是本次养老金改革最主要的亮点，占 47.6％；排在第二位的是“职业年金与基本养老保险制度同步建立”

（40.8%），第三位是“待遇确定机制与调整机制同步完善”（27.6%），第四位是“待遇调整综合考虑各因素，收入再分配更加注重公平”（24.6%）（图 6-18）。

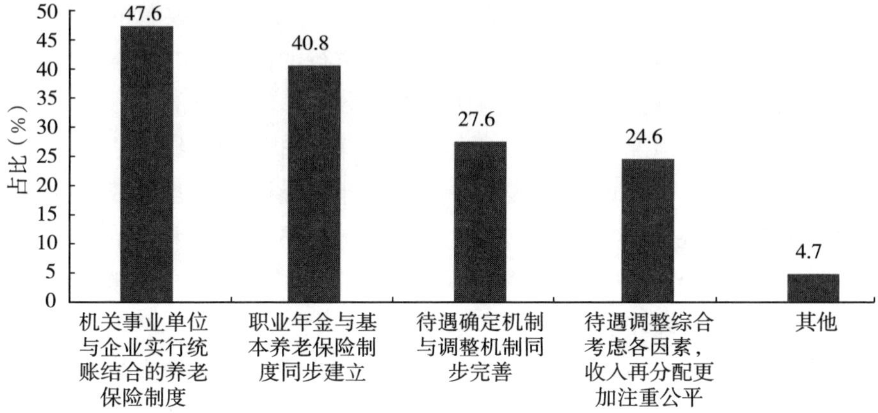

图 6-18　机关事业单位养老保险改革的主要亮点

（4）机关事业单位养老保险改革的价值倾向。对于养老金并轨改革价值方面的考量，受访者认为“改变养老保险双轨制，维护社会公平”（49%）、“缓解社会矛盾，促进社会发展”（44.3%）以及“缓解财政压力，减少政府供养压力”（38.9%）是养老金并轨改革推行的核心价值（图 6-19）。但是值得注意的是，结合前面的结果可以发现，民众普遍认可的改革价值实际上也是现阶段亟待解决的问题。

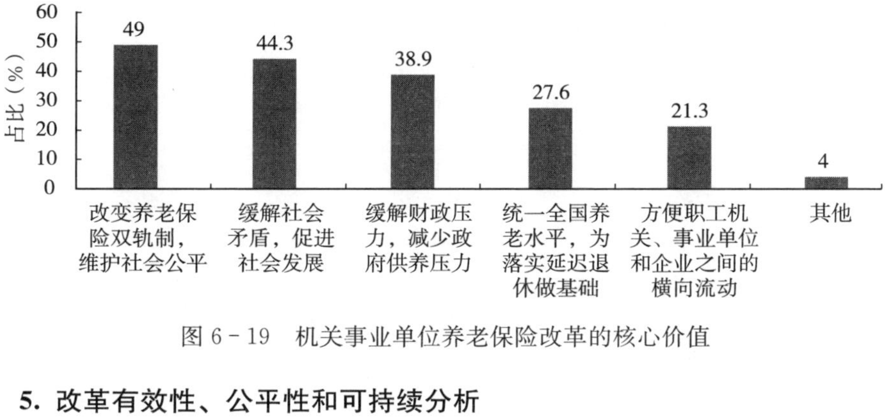

图 6-19　机关事业单位养老保险改革的核心价值

5. 改革有效性、公平性和可持续分析

整体来看，民众对于并轨改革持支持态度，并轨改革的价值目标和政策导向与民众的实际需求相一致。但政策实施的过程还存在一定的问题，例如在政策宣传力度与方式上存在短板，容易导致出现宣传对象固定和较容易集中等现象。虽

然政策改革在制度上符合公平价值，但实际上不同部门、同部门同等岗位之间养老待遇差距依旧存在。受访者认为并轨改革首要解决的问题是待遇差距问题。

（1）机关事业单位养老保险改革有效性分析。民众对于改革的认可与支持是确保养老保险制度改革能顺利有效地推出与执行的前提，因此本研究通过调查受访者对养老保险政策知晓程度与认可度来分析并轨改革的有效性。受访者政策知晓度及满意度情况如表 6－5 所示。在政策认知层面，结果表明受访者整体上对机关事业单位改革的知晓程度一般，大部分受访者对并轨政策的理解停留在了解一点或听说过的状态。作为改革对象，大部分机关事业单位职工对改革内容较为熟悉，受访者中有 91 人表示对政策完全了解，占机关事业单位总体样本的 23.5%；202 人表示了解一点改革内容，占比 52.2%；92 人只听说过或完全不了解并轨改革，占比 23.7%。相比之下企业职工与其他人员对改革的了解程度大多较浅，仅有 4%与 2%的受访者对并轨改革完全了解。在政策执行效果评价层面，整体上有 55.9%的受访者对改革持基本满意态度，26.3%的受访者表示非常满意或满意。其中机关事业单位群体的正向满意度比例最高，共有 334 人对改革持基本满意及以上的正面评价，在机关事业单位群体中占比 86.3%；企业职工与其他人员的正向满意度比例也紧随其后，分别占比 79.8%、74.6%。通过政策知晓度与满意度交叉分析发现，受访者对改革的认同感基于对政策的认知水平，说明当民众深入理解并轨改革的价值目标与具体举措后会给予正向反馈。

表 6－5　政策知晓度及满意度情况

单位：人

职业	政策知晓度	政策满意度				
		非常满意	满意	基本满意	不太满意	不满意
机关事业单位	完全了解	16	33	35	6	1
	了解一点	5	51	117	23	6
	听说过	4	18	35	8	2
	完全不知道	1	1	16	6	1
	总计	27	104	203	43	10
企业	完全了解	1	4	6	0	0
	了解一点	12	20	84	14	5
	听说过	4	13	71	15	4
	完全不知道	5	12	42	17	6
	总计	22	49	203	46	16

（续）

职业	政策知晓度	政策满意度				
		非常满意	满意	基本满意	不太满意	不满意
其他	完全了解	3	2	0	0	0
	了解一点	4	18	39	8	1
	听说过	3	12	48	10	1
	完全不知道	2	4	37	12	2
	总计	12	36	126	30	4

对具体配套政策内容进一步分析，在养老保险缴费方面，61.8%的受访者对缴费标准感到模糊。机关事业单位与企业职工对缴费的知晓比例大致相等。因基本养老金的缴费比例有一定的规范性与强制性，受访者对于改革的具体细节并不清楚与关心。根据问卷调查，大部分受访者对现行养老缴费水平的合理性呈积极态度，但缴费水平过高的问题不容忽视。总体上有49%的受访者对现行缴费方案给予认同，超过一半的受访者认为缴费比例过高。职业年金与企业年金的建立方面，职业年金覆盖率较高，占比60.1%，企业建立企业年金的比例较低，仅有38.1%的受访者参与了企业年金。除此之外，公私两部门各有26.5%与39.5%的受访者不清楚单位是否建立了年金制度。通过问卷调查结果发现，作为改革利益群体的机关事业单位职工对改革的态度呈积极反应，而对改革较为不熟悉的企业职工与其他人员的评价较为保守。群众对于制度改革的具体细节感到模糊，从侧面反映出改革的宣传范围与力度较小且固定（表6-6）。

表6-6　缴费比例认知度与评价

单位：人

职业	缴费明晰度	对现行养老方案缴费水平评价				
		太高	较高	合适	较低	太低
机关事业单位	不清楚	21	63	109	15	2
	清楚	11	52	88	7	0
	总计	33	124	209	22	2
企业	不清楚	28	68	78	12	1
	清楚	7	36	66	15	1
	总计	35	108	153	27	2

（续）

职业	缴费明晰度	对现行养老方案缴费水平评价				
		太高	较高	合适	较低	太低
其他	不清楚	36	37	65	13	1
	清楚	5	18	24	4	0
	总计	42	59	94	18	1

（2）机关事业单位养老保险改革公平性分析。机关事业单位养老保险并轨改革是以实现公平为根本宗旨的，能否使民众获得公平感是评价制度改革成功与否的标准之一。该模块从公平性感知、不公正来源归纳等方面进行研究。大部分机关事业单位职员对改革的公平正义原则呈肯定态度，机关事业单位内部有77.9%的职工认为现行的养老金改革符合公平正义的原则。企业员工对于改革的公平性则呈较为保守的态度，有33.9%的受访者表示有一些符合公平正义，40%的受访者则持无所谓的态度（图6-20）。

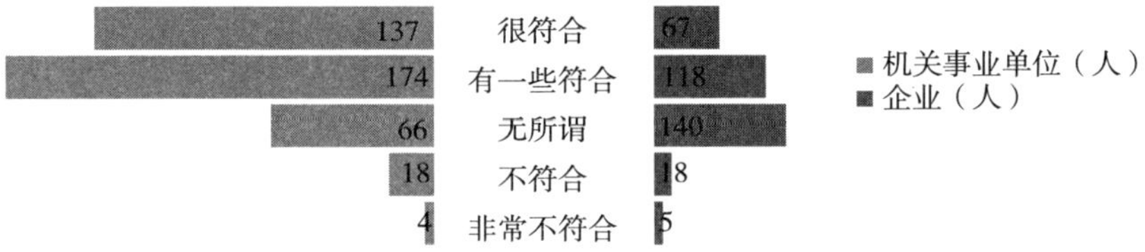

图6-20　公平正义感知情况

运用因子分析方法对并轨改革的不公平感知来源进行挖掘，首先对问卷相关数据进行信效度检验与探索性因子分析。由上文可知，在关于“民众认为目前机关事业单位养老保险改革的主要问题”量表的效度分析中，总量表克朗巴哈系数值为0.905，具有较高的信度，研究抽样所取得的数据的有效性满足研究要求。KMO值为0.704，Bartlett球形度检验结果显著（$\chi^2=498.460$，$p=0.000$），效度检验认为适合作因子分析。探索性因子分析采用主成分分析法和最大方差法因子旋转，提取出4个公因子。因子载荷矩阵及方差贡献率如表6-7所示，由以上所得到的旋转因子载荷矩阵下变量在4个因子上的新的负荷，将“转轨财政压力”“政策地区差异”“职业年金”变量命名为“政策设计因素”，“同等岗位养老差异”“制度不融合”“同单位养老差异”“同等工作年限养老差异”“同学历养老差异”变量命名为“养老待遇因素”，“改革价值取向”变量命名为“政策价值因素”，其他变量命名为“其他因素”。运用AMOS

(Analysis of Moment Structure) 矩阵结构分析软件对上述归类进行验证性因子分析，由表 6-8 的结果可知，$\chi^2/df=2.711<3$，$GFI=0.872>0.85$，$AGFI=0.903>0.9$，$RMSEA=0.058<0.1$，$NFI=0.894>0.85$，说明基于问卷调查数据构建的满意度结构模型具有理想的拟合度，说明将上述 15 个测量项目归为 4 个因子具有一定的现实意义，也为下一步的分析奠定基础。

表 6-7　因子载荷矩阵及方差贡献率

公因子	题项	成分			
		1	2	3	4
公因子 1	转轨财政压力	0.664	—	—	—
	政策地区差异	0.611			
	职业年金	0.571			
公因子 2	同等岗位养老差异	—	0.720	—	—
	制度不融合		0.695		
	同单位养老差异		0.665		
	同等工作年限养老差异		0.503		
	同学历养老差异		0.482		
公因子 3	改革价值取向	—	—	0.899	—
公因子 4	其他	—	—	—	0.786
特征值		2.135	1.460	1.380	1.034
方差贡献率		19.343	15.691	14.369	12.034
累计方差贡献率		19.343	35.034	49.403	61.437

表 6-8　验证性因子分析结果

拟合指数	χ^2/df	拟合优度指数 (*GFI*)	调整的拟合优度指数 (*AGFI*)	近似误差均方根 (*RMSEA*)	标准拟合指数 (*NFI*)
结果	2.711	0.872	0.903	0.058	0.894

因此，对于民众来说，当前机关事业单位并轨改革存在的问题因素由高到低排序为：政策设计因素>养老待遇因素>政策价值因素>其他因素。受访者对改革设计层面的关注从侧面反映出关于地区政策实施差异、职业年金“隐性双轨制”等问题还未得到有效解决，政府对改革政策的宣传与普及还未达到一定的广度与深度。百姓不可避免会关注自己的利益所得，并与不同对象比较养

老待遇。政策价值因素也是受访者关注的另一问题，从中可以看出民众希望能获得更规范化、更加透明的政策改革管理。细究导致两种职业对于改革的评价不一的原因，发现主要原因在退休待遇差距上。调查发现，机关事业单位职员中对自己将来或已领取的退休金感到非常满意与满意的人数占比为 33.5%，而企业职工的满意率只有 13.9%。企业职工中不满意率与非常不满意率的比例则明显高于机关事业单位员工，分别占比 28%与 15.8%。由此看来，保障企业职工的退休待遇是提升城镇企业职工养老公平性的关键（图 6-21、图 6-22）。

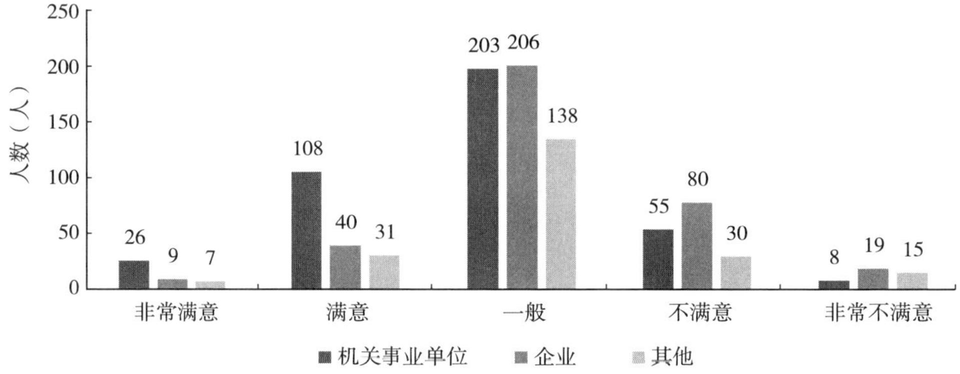

图 6-21　民众对退休金水平的满意情况

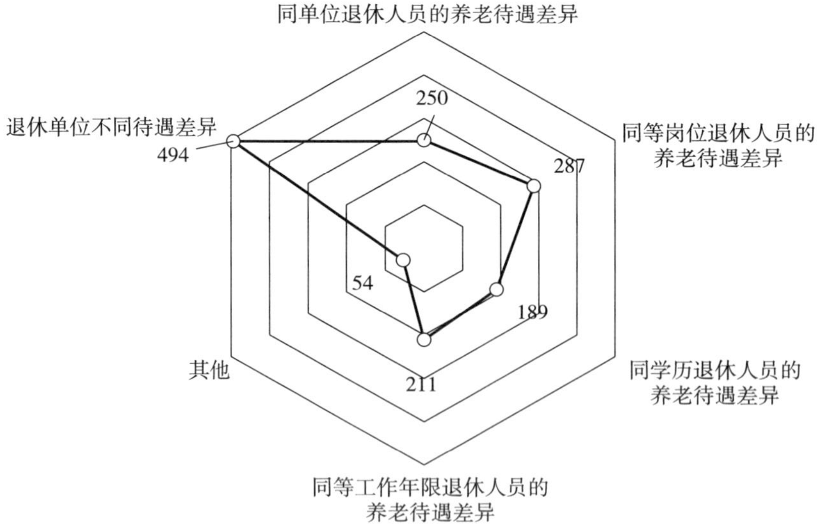

图 6-22　养老金不公平来源

（3）机关事业单位养老保险改革可持续性分析。民众对政策的认可与担忧可以从侧面反映出政策下沉实施的活力与阻力。通过调查民众心目中的政策改革亮点与痛点，与政策价值导向进行对比分析，可从更高的视角总览养老金改革的未来发展方向，有利于政策的可持续性发展。通过问卷调查发现，对于养老金改革价值方面的考量，受访者认为并轨改革的目标价值在于缓解社会矛盾，维护社会公平，这与政府推进改革的出发点相一致。从民众视角出发，政策改革的设计亮点主要在职业年金、退休待遇计发办法两方面。具体来说，接近60%的受访者认为职业年金作为基本养老保险制度的伴生制度是养老保险改革的最大亮点，职业年金既可维持养老待遇总体水平，又可优化社会保障体系结构。39%的受访者认为遵循多缴多得原则的退休待遇计发办法体现了社会公平性。

值得注意的是，民众所认可的改革亮点同时也是现阶段亟待解决的问题，待遇平衡问题依然是民众担忧的问题。受访者认为并轨改革首要解决的问题是待遇差距问题。职业年金虽能保障机关事业单位职员的待遇不降低，但也会造成隐性双轨制。除此之外，改革前后的相关政策对接与统筹问题也是民众所关心的话题，17.6%的受访者认为各地政策差异较大，发展不平衡容易产生跨区就业难、人才流动受阻等问题。通过分析民众对并轨改革未来发展的期待可以看出，提高未来养老保障水平是人民最急切的诉求（图6-23）。而全国养老待遇的地域差异性也不容忽视，群众对城镇职工养老保险不满意的原因不仅在于不同部门之间的养老待遇差异，还在于同等岗位之间的养老待遇差距。

图6-23　民众对政策改革期待对比

总的来说，根据问卷调查统计数据得出四点结论：第一，从政策实施情况来说，目前养老金并轨改革的相关工作推进过程存在阻力，政策实施效果一般，并没有真正破解制度困境。第二，从政策效用评价出发，目前民众对于养老金并轨改革的评价以正面为主，大部分受访者对于改革本身持支持态度，这表明了目前养老金并轨的改革方向基本正确，民众认可度处在较为良好的水平。第三，对于改革目标群体来说，养老金并轨改革是否会影响机关事业单位职员当下或者未来的养老金待遇水平，这才是他们关心的核心问题。第四，基于改革问题与展望的视角，改革中各个利益群体之间养老金待遇水平难以平衡是改革过程中遇到的首要问题，而今后改革过程中民众最迫切关注的方向是提高养老金待遇水平。但鉴于福利刚性原则，机关事业单位职员养老待遇水平不能大幅降低，而企业职员的养老待遇水平受养老基金可持续的限制无法大幅提高，这就产生了一个进退维谷的境地。

四、养老金并轨改革相关统计分析

1. 信度与效度分析

由表 6-9 可知，本研究各变量及其度量维度的信度系数都在较合理范围内，表明问卷内部具有较高的一致性和稳定性，可以进行下一步的分析（表 6-10 至表 6-12）。

表 6-9　各变量信度分析结果

研究变量	数量	项已删除的 Cronbach's Alpha 值	Cronbach's Alpha
政策实施现状	8	0.988 0.988 0.988 0.988 0.987 0.989 0.988 0.989	0.989
公平性感知	5	0.695 0.679 0.691 0.715 0.733	0.748
改革目标群体	6	0.660 0.697 0.663 0.676 0.686 0.661	0.711
改革问题与未来展望	3	0.330 0.399 0.767	0.663

表 6-10　因子分析前的检验

取样足够度的 Kaiser-Meyer-Olkin 度量		0.926
近似卡方		20 367.469 3
Bartlett 的球形度检验	d*f*	231
Sig		0

表 6-11　总方差解释

成分	初始特征值			提取载荷平方和			旋转载荷平方和		
	总计	方差百分比	累积（%）	总计	方差百分比	累积（%）	总计	方差百分比	累积（%）
1	7.977	36.257	36.257	7.977	36.257	36.257	7.646	34.757	34.757
2	3.732	16.963	53.220	3.732	16.963	53.220	2.686	12.208	46.965
3	1.733	7.877	61.097	1.733	7.877	61.097	2.673	12.149	59.114
4	1.434	6.518	67.615	1.434	6.518	67.615	1.870	8.501	67.615
5	0.969	4.405	72.021						
6	0.851	3.868	75.889						
7	0.759	3.448	79.337						
8	0.713	3.240	82.577						
9	0.654	2.975	85.551						
10	0.562	2.555	88.107						
11	0.533	2.420	90.527						
12	0.448	2.038	92.566						
13	0.421	1.915	94.480						
14	0.415	1.888	96.369						
15	0.339	1.543	97.912						
16	0.135	0.614	98.526						
17	0.081	0.369	98.895						
18	0.068	0.308	99.204						
19	0.053	0.241	99.444						
20	0.049	0.221	99.665						
21	0.040	0.182	99.847						
22	0.034	0.153	100.000						

表 6-12　旋转后的成分矩阵

问题	成分			
	1	2	3	4
A1. 改革实施后，您认为您退休后待遇水平会有什么变化？	0.967	0.017	−0.043	0.086
A2. 改革后，机关事业单位养老保险并轨后，如果有机会您是否愿意进入企业发展或者自我创业（限机关事业单位人员回答）？	0.965	0.029	−0.055	0.073
A3. 机关事业单位养老保险改革是否让您有"跳槽"的想法？	0.965	0.005	−0.075	0.083
A4. 开始养老保险缴费后，您的每月实发工资是否减少？	0.962	−0.070	−0.032	0.061
A5. 您属于改革的什么群体？	0.960	−0.089	−0.112	0.068
A6. 您认为此次机关事业单位养老保险改革对您待遇有何影响？	0.960	0.001	−0.038	0.077
A7. 改革采取"老人老办法、新人新办法、中人逐渐过渡"的措施，您觉得是否必要？	0.956	−0.061	−0.069	0.079
A8. 改革实施后，您所在单位的总体待遇水平有何变化？	0.942	−0.020	−0.156	0.086
B1. 在养老金并轨改革后，您认为公务员这类职业的吸引力是否会下降？	0.028	0.771	−0.038	0.025
B2. 您对机关事业单位改革后的养老保险制度如何评价？	−0.025	0.736	0.049	0.273
B3. 养老金并轨改革后，您认为是否真正地实现了企业职工与机关事业单位人员之间养老金制度的公平合理？	0.024	0.671	0.344	0.073
B4. 您认为养老保险改革后，总体公平性表现如何？	−0.078	0.658	0.130	−0.010
B5. 与周围人相比，您觉得您将来或已领取的养老金是否公平？	−0.036	0.570	0.237	−0.024
C1. 您是否支持此次针对机关事业单位的养老保险改革？	−0.020	0.201	0.704	0.111
C2. 按现行养老改革方案，您每月养老保险个人缴费率是（不含职业年金）多少？	0.092	0.062	0.697	−0.007

（续）

问题	成分			
	1	2	3	4
C3. 您觉得机关事业单位养老保险改革是否符合公平正义的原则？	−0.097	0.209	0.633	0.210
C4. 你了解机关事业单位养老保险改革吗？	−0.307	0.068	0.610	0.011
C5. 您所在单位/企业是否建立职业/企业年金制度？	−0.112	0.037	0.580	−0.117
C6. 您总体上如何评价本次养老金并轨改革？	−0.026	0.463	0.555	−0.166
D1. 按照现行改革方案，您将来或已领取的退休金大约为多少元？	0.300	−0.010	−0.095	0.809
D2. 在不考虑通货膨胀的情况下，您认为每月的退休金应在多少元才能保障您的基本生活？	0.220	0.079	−0.012	0.796
D3. 您的月薪范围是多少？	−0.070	0.089	0.113	0.597

经过数据分析，所得的 4 个成分的问题结构，与之前预设的 4 个变量的问题结构一致。根据旋转成分，每个因子所含问题具有一定特征。因此将因子一命名为“差异认同感”、因子二命名为“公平性感知”、因子三命名为“改革目标群体”、因子四命名为“改革问题与未来展望”。

2. 描述性统计分析

本研究中的变量主要是政策实施现状、公平性感知、改革目标群体、改革问题与未来展望。描述性统计的最终目的是计算得到样本均值和标准差，从而观察和预测大致的数据分布。变量描述统计分析如表 6－13 所示。

表 6－13　变量描述统计分析

变量	*N*	极小值	极大值	均值	标准差
政策实施现状	955	−3.375	3.000	−0.994	2.444
公平性感知	955	−2.000	4.000	1.982	0.858
改革目标群体	955	−2.000	4.000	2.221	0.858
改革问题与未来展望	955	−2.000	9.667	4.580	1.839
有效个案数（成列）	955	—	—	—	—

3. 相关性分析

从表 6－14 可知，政策实施现状与改革问题与未来展望之间的相关系数为 0.305，公平性感知与改革目标群体之间的相关系数为 0.451，政策实施现状与改革目标群体之间的相关系数为－0.161，公平性感知与改革问题与未来展望之间的相关系数为 0.148，各个因子之间的相关系数均小于 0.5，说明各个因子与因子之间的相关性较低。

表 6－14　皮尔逊相关性分析

变量	政策实施现状	公平性感知	改革目标群体	改革问题与未来展望
政策实施现状	1	—	—	—
公平性感知	－0.053	1	—	—
改革目标群体	－0.161**	0.451**	1	—
改革问题与未来展望	0.305**	0.148**	－0.021	1

注：** 在 0.01 级别（双尾），相关性显著。

4. 回归分析

为了检验政策实施现状、公平性感知、改革目标群体、改革问题与未来展望和对自己的将来或已领取的退休金满意度之间的关系，本次以政策实施现状、公平性感知、改革目标群体、改革问题与未来展望作为自变量，对自己的将来或已领取的退休金满意度作为因变量为例进行回归分析（表 6－15 至表 6－17）。

表 6－15　模型整体拟合度

模型	R^2	调整 R^2	标准估计的方差
1	0.486a	0.236	0.233

注：a 预测变量（常量），政策实施现状、公平性感知、改革目标群体、改革问题与未来展望。

表 6－16　方差分析 a

模型		平方和	*df*	均方	*F*	*Sig*
1	回归	276.778	4	69.194	73.353	0.000b
	残差	896.144	950	0.943		
	总计	1 172.921	954			

注：①a 因变量，对自己的将来或已领取的退休金满意度。

②b 预测变量（常量），政策实施现状、公平性感知、改革目标群体、改革问题与未来展望。

表 6－17　偏回归 a

模型	变量	B	标准差	标准系数	t	Sig
1	（常量）	1.020	0.124		8.234	0.000
	政策实施现状	－0.051	0.014	－0.112	－3.716	0.000
	公平性感知	0.375	0.042	0.290	8.980	0.000
	改革目标群体	0.273	0.042	0.211	6.548	0.000
	改革问题与未来展望	0.099	0.018	0.165	5.446	0.000

注：a 因变量，对自己的将来或已领取的退休金满意度。

分析结果表明，模型的调整 R^2＝0.236，F 值＝73.353，Sig＝0.000。这些结果验证了该模型做出了一般性的解释这 4 个因素与您对自己的将来或已领取的退休金满意度之间的关系。4 个变量的 Sig 值均为 0.000，表明它们与退休金满意度有非常显著的关系。公平性感知、改革目标群体、改革问题的标准系数为 0.290、0.211、0.165，从数据分析表明公平性感知、改革目标群体、改革问题与未来展望与退休金满意度呈正相关关系，政策实施现状的标准系数为－0.112，从数据分析表明政策实施现状与退休金满意度呈负相关关系。

第七章 养老金并轨改革收入与消费效应的实证分析

本章以 2015 年 1 月国务院颁布的《关于机关事业单位工作人员养老保险制度改革的决定》（以下简称《决定》）的外生冲击作为准自然实验情景，通过构建双重差分模型消除不可观测因素，以 2010—2019 年浙江省 11 个地级市为研究对象，对样本选择问题进行校正，同时用净收入增长率和城镇基尼系数作为衡量地区收入差距的指标，定量评估《决定》对机关事业单位职工的影响，为深化机关事业单位养老保险改革提供决策参考。

一、数据来源

本研究以 2010—2019 年浙江地区机关单位工资报酬和事业单位工资报酬为研究对象，初始样本共计 11 个地区的年度观测值，借鉴已有研究（许红梅等，2020），按照如下标准对样本进行筛选：①剔除实际所得系数小于 0 和大于 1 的异常样本；②剔除收入小于等于 0 的样本；③剔除关键变量缺失的观测值。最终得到 220 个地级市的年度观测值。其中，2010—2019 年机关事业单位收入报酬、国控企业单位收入报酬和人均待遇数据主要来自浙江省 11 个地级市统计年鉴，2017—2019 年机关事业单位收入报酬部分缺失数据来自 Wind 数据库和利用 2010—2019 年的各单位平均增长率推测获得。另外，考虑到模型内生性问题，本研究将体制内人员工资待遇计算作为依据，选择将国民生产总额数据、各地区城镇基尼系数、各地区财政支出、居民总消费水平指数和城镇居民消费水平指数作为控制变量。国民生产总额数据、各地区基尼系数、各地区财政支出等数据主要来自 Wind 数据库以及 11 个地级市社会统计年鉴，浙江省居民消费水平、居民总消费水平指数和城镇居民消费水平指数数据的相关情况则是从 2020 年浙江省统计年鉴和 11 个地级市的人力资源和社会保障部门问卷调查获得（表 7-1、表 7-2）。

表 7-1　变量描述性统计

变量	变量含义	均值	标准差	最小值	最大值
Y-government	事业单位劳动报酬（元/年）	94 060.19	29 529.41	47 653	184 737.7
Y-Institutions	机关单位劳动报酬（元/年）	105 484.70	38 895.94	53 667	256 217.2
Y-goverInst	机关事业单位劳动报酬（元/年）	79 371.82	17 006.16	49 662.54	229 378.9
Y-Statecontrolled	国控企业劳动报酬（元/年）	70 622.25	18 998.37	45 475	144 495.0
Y-enterprise	私营企业劳动报酬（元/年）	66 794.72	15 847.42	29 115	107 611
X-CZGini	城镇基尼系数	0.488	0.037	0.401	0.564
X-NCGini	农村基尼系数	0.489	0.422	0.402	0.615
X-GDP	各地区国民生产总额（亿元）	3 810.44	2 840.91	644.32	15 348.9
X-expenditure	各地区财政支出（亿元）	506.80	391.98	105.03	1 952.8
IofConsumption	居民总消费水平	28 793.1	7 120.73	18 274	41 121
X-Resident	居民总消费水平指数	1 024.79	157.91	781.2	1 400.8
X-UbanResident	城镇居民消费水平指数	2 460.31	457.02	1 755	320
SYlnincome	事业对数收入	11.41	0.305	10.77	12.14
JGlnincome	机关对数收入	11.51	0.339	10.89	12.45
HHlnincome	机关事业对数收入	11.46	0.322	10.81	12.34
GKlnincome	国控对数收入	11.26	0.21	10.72	11.81
SQlnincome	非私营对数收入	10.78	0.31	9.90	11.43
PJlnincome	平均对数收入	10.96	0.28	10.28	11.58
InIofConsumption	居民消费支出收入	10.23	0.25	9.81	10.62

注：机关事业单位劳动报酬由事业单位劳动报酬和机关单位劳动报酬加权计算所得，公式为：机关事业单位劳动报酬=（事业单位劳动报酬×事业单位人数+机关单位劳动报酬×机关单位人数）/（事业单位人数+机关单位人数）。

表 7-2 各地区机关事业单位、国控单位劳动报酬与基尼系数比较

变量	事业单位劳动报酬（元/月）		机关单位劳动报酬（元/月）		国控单位劳动报酬（元/月）		城镇基尼系数	
	2014 年	2015 年	2014 年	2015 年	2014 年	2015 年	2014 年	2015 年
杭州	7 520.5	8 693.5	8 480.7	9 485.1	7 089.8	7 937.8	0.527	0.535
宁波	8 303.4	8 762.9	8 948.8	9 118.5	7 789.1	8 268.3	0.497	0.513
温州	7 312.6	7 910.3	6 906.3	7 141.8	6 231.8	6 689.0	0.441	0.477
嘉兴	6 743.5	8 015.9	8 428.9	9 499.4	5 993.0	6 696.6	0.511	0.516
湖州	6 650.9	7 260.4	7 072.5	8 008.5	6 096.1	6 561.9	0.488	0.501
绍兴	7 090.3	7 902.0	8 414.7	8 863.7	6 306.0	6 295.3	0.482	0.522
金华	6 098.5	7 062.0	6 015.5	6 771.3	6 318.2	6 961.1	0.535	0.534
衢州	5 877.1	7 415.9	6 189.8	7 340.9	5 644.4	5 832.1	0.493	0.517
舟山	6 317.8	7 787.1	6 702.4	7 905.8	6 116.1	6 211.4	0.495	0.503
台州	6 589.2	6 891.8	6 564.8	7 110.8	5 650.4	5 786.6	0.509	0.527
丽水	5 683.3	7 263.1	5 915.5	5 969.1	6 454.8	6 287.3	0.496	0.522

注：表中列举了 2014 年、2015 年数据，原因如下：第一，数据样本期涉及 2010 年至 2019 年各单位收入报酬，样本量较大。第二，虽然政策冲击在 2014 年 10 月 1 日，但是政策实施为 2015 年 1 月 1 日。因此，研究样本将 2015 年作为突变点。

二、模型构建

1. 双重差分模型

双重差分模型是对公共政策及项目实施效果的一种评估方法，多数研究在计量经济学范畴运用，是定量评估政策实施效果的有效方法，其原理是基于一个反事实的框架来评估政策发生和不发生这两种情况下被观测因素 y 的变化。如果一个外生的政策冲击将样本分为两组——受政策干预的 Treat 组和未受政策干预的 Control 组，且在政策冲击前，Treat 组和 Control 组的 y 没有显著差异，那么我们就可以将 Control 组在政策发生前后 y 的变化看作 Treat 组未受政策冲击时的状况（反事实的结果）。通过比较 Treat 组 y 的变化以及 Control 组 y 的变化，可以得到政策冲击的实际效果（$DD=D_1-D_2$）。

具体地，单一冲击时点的双重差分的模型如下

$$Y_{it}=\beta_0+\beta_1 T_{it}+\beta_2 A_{it}+\varepsilon_{it} \tag{7-1}$$

其中，T_i 为政策虚拟变量，A_t 为时间虚拟变量，$T\times A_t$ 为两者的交互

项，β_3 为双重差分估计量。

$$DD = D_1 - D_2 = (\beta_2 + \beta_3) - \beta_2 = \beta_3 \quad (7-2)$$

需要特别指出的是，只有在满足“政策冲击前处理组和对照组的因变量 y 没有显著差异”（即满足平行趋势假定）的条件下，得到的双重差分估计量才是无偏的（表 7-3）。

表 7-3　政策实施前后对照分析

组别	政策实施前	政策实施后	*Difference*
处理组	a_0+a_1	$a_0+a_1+a_2+a_3$	a_2+a_3
对照组	a_0	a_0+a_2	a_2
Difference	a_1	a_1+a_3	a_3

2. 对照组的选择

为了考察《决定》的实施对不同组别样本的影响，进行处理组与对照组设置。考虑到双重差分模型在选取处理组和对照组时要符合平行趋势假定，即在政策冲击前因变量没有显著差异，具体到养老金并轨改革意味着改革前处理组和对照组收入变化趋势应该一致。通过 2010—2019 年浙江省 11 个地级市机关事业、国控单位与人均收入的曲线图，我们可以发现在 2010—2014 年（改革前）机关事业和国控单位的收入报酬变化趋势相似，但在 2015 年之后受政策冲击后，机关事业单位较国控单位收入报酬出现了较大幅的上涨。虽然国控单位也有上涨趋势，但是幅度不及机关事业单位。考虑到改革只涉及了机关事业单位，而没有涉及国控单位，本研究分别将事业单位工作人员的样本视为处理组 1，将机关单位工作人员样本视为处理组 2，将国控单位职员的样本视为对照组。

因此，本研究将国控单位而非像以往研究那样将所有企业单位作为对照组的原因在于：第一，本次改革对象不涉及国控单位。第二，在政策冲击前，对照组和处理组的劳动报酬变化趋势一致。第三，所有企业单位尤其民营企业的劳动者文化程度和业务能力参差不齐，与机关事业单位工作人员相比具有较大的差异性。即考虑到劳动者个体能力带来的内生性问题，本研究选取了劳动者文化程度和业务能力相近的国控单位作为对照组。第四，若以全社会薪酬待遇作为对照组，会将机关事业单位工作人员这个改革对象也包含在内，从而导致估计误差，所以不可取。总的来说，将国控单位而非像以往研究那样将所有企业单位作为对照组，也是本研究的主要创新点之一。

3. 双重差分模型的构建

本研究的基准实证模型设定为多元回归框架下的倍差法（杜鹏程等，2018）。其中，将事业单位工作人员的样本视为处理组 1，将机关单位工作人员样本视为处理组 2，将国控单位职员的样本视为对照组。具体虚拟变量 D_{i1} 和 D_{i2} 定义如下

$$D_{i1}=\begin{cases}1, & \text{事业单位}\\0, & \text{国控单位}\end{cases}$$

$$D_{i2}=\begin{cases}1, & \text{机关单位}\\0, & \text{国控单位}\end{cases}$$

当样本为事业单位群体时，D_{i1} 取值为 1，否则为 0；当样本为机关单位群体时，D_{i2} 取值为 1，否则为 0。同时构造了时间虚拟变量 $year$，设 $year=0$ 和 $year=1$ 分别表示《决定》的实施前、后的时期，在本研究中，$year=0$ 表示 2014 年前，$year=1$ 表示 2015 年后。因此，《决定》的实施对机关事业单位的收入水平影响可用式（7－3）至式（7－6）表示，即

$$Y\text{-}goverment_{it}=\beta_0+\beta_1 Trest15\times Post15+\beta_2 Controls_{it}+\delta_i+\gamma_t+P\times\gamma_t+\varepsilon_{it} \tag{7-3}$$

$$Y\text{-}Instituionit_{it}=\beta_0+\beta_1 Trest15\times Post15+\beta_2 Controls_{it}+\delta_i+\gamma_t+P\times\gamma_t+\varepsilon_{it} \tag{7-4}$$

$$Y\text{-}goverInst_{it}=\beta_0+\beta_1 Trest15\times Post15+\beta_2 Controls_{it}+\delta_i+\gamma_t+P\times\gamma_t+\varepsilon_{it} \tag{7-5}$$

$$Y\text{-}enterpriseit_{it}=\beta_0+\beta_1 Trest15\times Post15+\beta_2 Controls_{it}+\delta_i+\gamma_t+P\times\gamma_t+\varepsilon_{it} \tag{7-6}$$

其中，$Y\text{-}goverment_{it}$ 表示地区 i 的事业单位在 t 年的收入变化程度，$Y\text{-}Instituionit_{it}$ 表示地区 i 的机关单位在 t 年的收入变化程度，$Y\text{-}goverInst_{it}$ 表示地区 i 的机关事业单位 t 年的收入变化程度，政策变量和时间变量的交互项系数 β_1 是本研究关注的，表示并轨政策在浙江省各地级市的平均效应。δ_i 为 i 个地区的固定效应，γ_t 表示时间效应，P 是地区固定效应。$Controls_{it}$ 是随时间变化的控制变量，包括各地区国民生产总额（$X\text{-}GDP$）、各地区财政支出（$X\text{-}expenditure$）、居民总消费水平（$IofConsumption$）、居民总消费水平指数（$X\text{-}Resident$）和城镇居民消费水平指数（$X\text{-}UbanResident$）。由于上述数据方差较大，为确保回归结果的可行性，对劳动报酬、各地区国民生产总额都进行了对数变换（表 7－4、表 7－5）。

表 7－4　因变量

变量	变量含义	均值	标准差	最小值	最大值
Y-governmentaffiliated	事业单位劳动报酬（元/月）	7 226.334	2082.05	3 971.08	15 394.81
Y-Institutions	机关单位劳动报酬（元/月）	7 702.353	2 723.59	4 472.25	21 351.43
Y-goverInst	机关事业单位劳动报酬（元/月）	7 471.993	2 405.19	4 138.54	19 114.91
Y-enterprise	私营企业劳动报酬（元/月）	5 808.279	1 594.13	3 302.80	11 207.92

资料来源：2020 年浙江省统计年鉴。

表 7－5　自变量与其他控制变量

变量	变量含义	均值	标准差	最小值	最大值
X-GDP	各地区国民生产总额（亿元）	3 810.442	2 840.912	644.32	14 348.92
X-expenditure	各地区财政支出（亿元）	506.8	391.98	－0.905	1.605
X-CZGini	城镇基尼系数	0.488	0.037	0.401	0.564
X-NCGini	农村基尼系数	0.489	0.422	0.402	0.615
X-IofConsumption	居民总消费水平	28 793.1	7 120.73	18 274	41 121
X-Resident	居民总消费水平指数	1 024.79	157.91	781.2	1 300.8
X-UbanResident	城镇居民消费水平指数	2 460.31	457.02	1 755	320
SYlnincome	事业对数收入	11.41	0.305	10.77	12.13
JGlnincome	机关对数收入	11.51	0.339	10.89	12.45
GKlnincome	国控对数收入	11.26	0.21	10.72	11.81
SQlnincome	私营对数收入	10.91	0.28	10.28	11.59

资料来源：2020 年浙江省统计年鉴。

三、实证分析

1. 面板单位根检验

本研究面板数据时期为 2010—2019 年，T 为 10，因此属于短面板数据，处理组与控制组共 22 组，N 为 22。N 大于 T，所以在面板单位根检验方面，选择了 HT 检验。HT 检验情况如表 7-6 所示。

表 7-6　HT 检验情况

变量	含个体固定效应项和趋势项	仅含个体固定效应项	None 情形
Y-government affiliated Statistic	0.682 4	1.141 6	1.172 9
z	4.036 7	7.050 7	5.439 5
p 值	1.000 0	1.000 0	1.000 0
Y-Institutions Statistic	1.005 2	1.354 8	1.262 2
z	8.275 9	10.678 7	8.248 6
p 值	1.000 0	1.000 0	1.000 0
Y-gover Inst Statistic	0.904 0	1.289 1	1.240 1
z	6.947 6	9.560 5	7.555 6
p 值	1.000 0	1.000 0	1.000 0

本研究分别对样本数据进行了 HT 检验，包括含个体固定效应项和趋势项、仅含个体固定效应项和 None 情形的检验。结果（表 7-6）显示，机关事业单位的样本均拒绝原假设，显著性均为 1.000。对含个体固定效应项和趋势项进行 HT 检验，得到统计量依次为 0.682 4、1.005 2 和 0.904 0。对仅含个体固定效应项进行 HT 检验，得到统计量依次为 1.141 6、1.354 8 和 1.289 1。对 None 的情形进行 HT 检验，得到统计量依次为 1.172 9、1.262 2 和 1.240 1，综上说明面板数据平稳，可进行后续分析。

2. 基础回归分析

在回归之前，首先将处理组和对照组数据除以 12，由每年收入（表 7-7）变为每月收入，然后对模型进行了不添加任何协变量回归估计，回归估计结果如表 7-8 所示。由于双重差分模型需要一个反事实框架，也就是所谓的对照组变量，本研究将未被政策冲击的国控人员作为控制组变量，说明在养老金政策实施 5 年之后事业单位、机关单位的劳动报酬与国控单位劳动报酬的差距估计值分别为 1 938.29 元/月和 2 621.39 元/月。机关事业单位加权平均劳动报酬与国控单位劳动报酬的差距提高了 2 305.19 元/月。主要原因在于：养老金并轨改革本身是多方利益博弈的结果，为了减少改革阻力，促使改革顺利推行，政府吸取了之前试点地区改革的经验教训，采取增量改革的方式，尽量减少已经入职机关事业单位的“中人”和“老人”的利益损失。按照人力资源和社会保障部、财政部调整机关事业单位工作人员基本工资标准的要求，地方政府于 2016 年和 2018 年进行了机关事业单位工作人员基本工资标准调整，对改革对象因养老金缴费而减少的在职收入进行了工资补偿，同时在过渡期的人员也获得了相应的过渡性养老金补偿，但是在这个过程中，部分地方政府采取“泛福利化”的操作方式，结果导致机关事业单位员工收入增幅大于其他国控单位企业员工增幅，导致收入差距扩大。

表 7-7　改革实施前后收入变化

单位：元/月

变量名称	年份	非试点范围	试点范围
事业单位劳动报酬	2014	5 631.745	5 886.630
	2015	7 596.891	9 790.068
变化额		254.885	2 193.177
改革净影响		1 938.29***	
机关单位劳动报酬	2014	5 631.745	6 497.123
	2015	7 596.891	11 083.654
变化额		865.377	3 486.763
改革净影响		2 621.39***	
机关事业单位劳动报酬	2014	5 631.745	6 194.499
	2015	7 596.891	10 464.837
变化额		562.753	2 867.946
改革净影响		2 305.19***	

注：*** 表示 1%的显著水平。

表 7-8　《决定》的实施对机关事业单位收入待遇的影响 OLS 回归结果

变量名称	*Y-government* (1)	*Y-Institutions* (2)	*Y-goverInst* (3)	*Y-enterprise* (4)
Treat15×*Post15*	1 725.7*** (140.345 4)	2 322.0*** (272.268 4)	2 038.1*** (201.311 6)	−129.0 (134.165 6)
X-GDP	0.292*** (0.056 0)	0.480*** (0.103 0)	0.371*** (0.076 3)	−0.147** (0.051 8)
X-expenditure	−0.283 (0.446 4)	−1.378 (0.773 5)	−0.629 (0.574 8)	2.553*** (0.383 1)

（续）

变量名称	*Y-government* (1)	*Y-Institutions* (2)	*Y-goverInst* (3)	*Y-enterprise* (4)
X-Resident	6.814 (4.083 8)	12.16 (8.443 0)	9.986 (6.230 0)	4.979 (3.500 4)
IofConsumption	0.413*** (0.078 7)	0.804*** (0.155 7)	0.614*** (0.115 8)	−0.226*** (0.067 3)
X-UbanResident	−6.342** (2.230 1)	−13.95** (4.624 0)	−10.44** (3.425 6)	3.660* (1.737 6)
_cons	2 359.3**	4 193.1**	3 279.0**	−1 730.9*
N	219	219	219	219
adj. R-sq	0.925 4	0.837 2	0.884 3	0.882 2

注：括号内值为标准差。***、**、*分别表示1%、5%、10%的显著水平。

分别对（1）至（4）模型进行回归，表7-8给出了《决定》对机关事业单位收入水平影响的OLS回归结果，被解释变量为事业单位劳动报酬、机关单位劳动报酬、机关事业单位劳动报酬和人均劳动报酬，各列都控制了研究对象，包括地区特征变量、时间虚拟变量以及地区和时间交互的虚拟变量。表7-8中第（1）和第（2）列的被解释变量为机关和事业单位劳动报酬，交互项 $Treat15 \times Post15$ 的估计系数衡量了《决定》对这两类人群的工资真实影响。系数值都是在1%的水平显著为正。$Treat15 \times Post15$ 的估计系数数值表明《决定》的实施使机关和事业单位群体的工资待遇分别上涨了1 725.7元/月和2 322.0元/月，第（3）列是机关事业单位的检测结果，可得机关事业单位上涨了2 038.1元/月。之后本研究利用对2015年改革4年之后的私营企业劳动报酬进行了回归，但是发现结果不显著。所有控制变量的估计结果与实际结果基本相符：政策冲击对不同地区GDP有显著影响，政策冲击对不同地区财政支出没有显著影响；居民总消费水平与机关事业单位工资待遇有关，通过收入消费理论可以得出，当收入增加时，居民总消费水平上升，反之亦然。

3. 净收益研究

为了深入研究养老金并轨改革是否确实扩大了城镇居民间内部差距和城镇居民与农村农民间的外部差距，首先将浙江地区分为发达地区、中等发达地区与欠发达地区，分类依据是2021年浙江省统计年鉴中的2020年浙江省各地级市GDP。分类如下：杭州、宁波、温州、绍兴为发达地区（GDP在6 000亿元以上)，台州、嘉兴、金华、湖州为中等发达地区（GDP 在 3 000 亿元以上)，衢州、丽水、舟山为欠发达地区（GDP 在 1 500 亿元以上)。在此基础上，本研究通过对收入、消费和基尼系数做了对数变化以及对收入与消费之间的差额得出净收入估测值等数据处理后，构建双重差分模型进行回归分析，并通过城镇居民间内部差距（城镇居民基尼系数）与城镇居民与农村间的外部差距（农村基尼系数)，从而以政策冲击对劳务报酬、消费水平、净收入增长、地区基尼系数等指标的影响，来衡量工资补偿政策对改革收入再分配效应的削减作用，以此来判断发达地区、中等发达地区与欠发达地区三类地区在政策冲击下收入差距是否有变化。

（1）政策冲击对不同地区机关事业单位劳务报酬的影响。表 7－9 是利用模型（1）和（2）得出的回归结果。在控制了其他控制变量、时间虚拟变量和地区虚拟变量之后，交互项 $Treat15 \times Post15$ 系数都显著为正，分别表示：改革以来发达地区事业单位工资待遇增长 18.0%，机关单位工资待遇增长 20.3%；中等发达地区事业单位工资待遇增长 14.3%，机关单位工资待遇增长 16.6%；欠发达地区事业机关单位工资待遇增长幅度分别为 24.0%和 25.6%。具体有以下三点结论：第一，养老金并轨改革之后，不同地区机关事业单位人员的工资水平确实出现了上调，甚至部分地区出现了“泛福利化”的工资提升现象。这与 2015 年国家人力资源和社会保障部、财政部出台的《关于调整机关事业单位工作人员基本工资标准和增加机关事业单位离退休人员离退休费三个实施方案的通知》（国办发〔2015〕3 号）这个文件相关。第二，对于发达地区和中等发达地区的机关事业单位来说，虽然工资出现上涨，但是幅度小于欠发达地区的机关事业单位，欠发达地区的机关事业单位工资上升幅度均在 25%左右，事业单位和机关单位分别是 24.0%和 25.6%。因为养老金并轨改革之后，按照实施方案机关事业单位人员必须上缴 8%个人账户的养老保险，扣除这部分缴费后机关事业单位人员在职收入待遇会下降。为了减少改革阻力，欠发达地区较其他地区对改革范围内机关事业单位工作人员的养老金缴费补贴部分较高，导致这部分人员工资上涨幅度比较高，而其他企业员工和社会人员在职工资变化不大。第三，改革前国控单位和机关事业单位工资待遇变化趋势一致，但由于国控单位没有受政策冲击，所以工资待遇以市场调控为主，工资出现增长幅度多数与企业效益、经济社会发展水平相挂钩，增长幅度小于 10%。如果延伸到整个企业组的话，尤其民营企业，工资增长幅度将会更小，所以有可能导致体制内外贫富差距进一步扩大，不利于共同富裕的推进。

表 7-9　政策冲击对不同地区机关事业单位劳务报酬的影响

变量名称	事业单位 (1)	机关单位 (2)	事业单位 (3)	机关单位 (4)	事业单位 (5)	机关单位 (6)
	Developed		Medium		Under developed	
Treat15× *Post15*	0.180*** (25.22)	0.203*** (16.43)	0.143*** (20.06)	0.166*** (11.25)	0.240*** (11.92)	0.256*** (10.51)
截距	10.96***	10.21***	9.972***	10.95***	10.93***	10.21***
其他控制变量	控制	控制	控制	控制	控制	控制
年度固定效应	控制	控制	控制	控制	控制	控制
地区固定效应	控制	控制	控制	控制	控制	控制
R^2	0.495	0.513	0.457	0.436	0.62	0.55

注：括号内值为标准差。*** 表示 1%的显著水平。

（2）政策冲击对不同地区机关事业单位消费水平的影响。表 7-10 先将解释变量与被解释变量各类消费进行对数变化，对受政策冲击后的居民平均消费进行分类处理，公式如下：（各地级市居民平均消费水平×居民数量－城镇平均消费水平×机关事业单位人数）/（居民数量－机关人数）。通过这个公式处理所得结果作为消费对照组。选择城镇居民消费水平为处理组是因为机关事业单位人员工作生活地点多数为城镇，消费也在城镇进行，所以选择了城镇居民消费支出作为参考对象。进行对数变化有两点原因：其一，为了减少异方差，增加估计可靠性。其二，由于机关事业单位消费支出数据难以获得，所以必须通过数据间接测算得到。但是由于城镇居民范围较大，机关事业单位属于其中一部分，因此进行对数变化使对照组与处理组更有可比性。最后，将城镇消费支出作为处理变量，然后利用被解释变量城镇居民平均消费与政策效果相乘，考察政策冲击对居民平均消费影响是否显著。表 7-10 是对发达地区、中等发达地区和欠发达地区分别进行回归的结果。结果表明：受政策冲击之后，发达地区事业单位人员平均消费上升 7.13%，机关单位平均消费上升 8.05%。中等发达地区事业单位人员平均消费上升 6.10%，机关单位平均消费上升 6.88%。欠发达地区事业单位人员平均消费上升 5.80%，机关单位平均消费上升 6.64%。由此可见，由于改革后机关事业单位总体收入有所提升，因此平均消费水平均有所提升，尤其发达地区机关事业单位平均消费上升幅度较欠发达地区更为明显。但是，工资上升幅度较高的欠发达地区，机关事业单位平均消费上升水平却不是最高的，这说明机关事业单位平均消费上升并不完全是改革带来的影响，是改革缴费补贴导致工资“泛福利化”上涨以及区域经济社会发展水平共同作用的叠加效果。

表 7-10　政策冲击对不同地区机关事业单位消费水平的影响

变量名称	事业单位 (1)	机关单位 (2)	事业单位 (3)	机关单位 (4)	事业单位 (5)	机关单位 (6)
	Developed		Medium		Under developed	
Treat15×Post15×IofConsumption	0.071 3*** (15.50)	0.080 5*** (13.68)	0.061 0*** (13.13)	0.068 8*** (11.57)	0.058 0*** (11.92)	0.066 4*** (10.51)
Treat15×Post15	0.201*** (5.21)		0.213*** (5.13)		0.194*** (4.52)	
IofConsumption	0.423*** (16.75)	0.353*** (13.29)	0.524*** (21.34)	0.433*** (15.36)	0.597*** (20.15)	0.517*** (16.91)
截距	10.96***	10.21***	10.95***	10.93***	10.93***	10.21***
其他控制变量	控制	控制	控制	控制	控制	控制
年度固定效应	控制	控制	控制	控制	控制	控制
单位固定效应	控制	控制	控制	控制	控制	控制
R^2	0.495	0.513	0.457	0.436	0.371	0.416

注：括号内值为标准差。*** 表示 1%的显著水平。

（3）政策冲击对不同地区机关事业单位净收入增长率的影响。表 7-11 依据表 7-9 和表 7-10 中估计值的差额得出了净收益增加率，从表 7-11 可以得知：养老金并轨改革之后，所有地区机关事业单位工作人员收入水平均有所提高，净收入系数均为正数。不同地区的机关事业单位工作人员年均净收入增长率差异显著。欠发达地区增幅最大，机关事业单位年均净收益增长率在 15%以上；发达地区次之，机关事业单位年均净收益增长率增幅也在 10%以上；而中等发达地区增幅最小，但机关事业单位年均净收入增长率总增幅也在 8%以上。由此可见，养老金并轨改革之后，不同地区机关事业单位人群净收入增长率都有较大增幅，并且地区差异显著。而由上文可知国控单位的工资增长幅度控制在 10%以内，通过推测可以预计所有企业单位工资增长幅度将会更小，由此可见养老金并轨改革收入再分配效益没有预期的明显。在本次养老金改革过程中，机关事业单位人员收入待遇都得到了一定程度的提高，但是国控单位人员与私营单位人员工资依旧没有出现显著提升，从而导致差距拉大。

表 7-11　政策冲击后不同地区机关事业单位净收入增长率

变量名称	事业单位 (1)	机关单位 (2)	事业单位 (3)	机关单位 (4)	事业单位 (5)	机关单位 (6)
	Developed (%)		Medium (%)		Under developed (%)	
净收入增长率	10.87	12.30	8.20	9.72	18.20	18.96

(4) 政策冲击后收入上升对不同地区基尼系数的影响。本研究通过基尼系数对该政策在浙江各地实施后的效果进行评估。主要以地区间的横向对比作为参考依据，该模型的对照组为农村地区。原因如下：第一，农村不是机关事业单位养老金并轨改革的实施区域。第二，近年来乡村振兴一直备受关注。第三，农村基尼系数的方差一直较为稳定。基于以上事实，当城镇居民系数大于样本的均值时，CZGini 取 1，否则取 0。根据 $Treat15 \times Post15 \times CZGini$ 回归结果（表 7-12）显示，在发达和中等发达地区，养老金并轨改革对城镇基尼系数贡献率较大，事业单位与城镇基尼系数交互处理效应分别为 1.482%和 1.223%，机关单位分别为 1.677%和 1.377%。在欠发达地区，养老金并轨改革影响较小，且均在 1%水平上显著。表 7-12 第（2）列所得结果与预期相同，表明政策实施后，机关事业单位净收入增加率幅度不同，并对城镇居民收入差距扩大有影响。

表 7-12　政策冲击后收入上升对不同地区基尼系数的影响

单位：%

变量名称	事业单位 (1)	机关单位 (2)	事业单位 (3)	机关单位 (4)	事业单位 (5)	机关单位 (6)
	Developed		Medium		Under developed	
$Treat15 \times Post15 \times CZGini$	1.482*** (14.11)	1.677*** (13.04)	1.223*** (12.87)	1.377*** (11.11)	1.181*** (11.77)	1.345*** (10.18)
$Treat15 \times Post15$	0.739*** (14.89)	0.834*** (13.22)	0.632*** (12.64)	0.712*** (11.25)	0.601*** (11.43)	0.687*** (10.12)

（续）

变量名称	事业单位 (1)	机关单位 (2)	事业单位 (3)	机关单位 (4)	事业单位 (5)	机关单位 (6)
	Developed		Medium		Under developed	
CZGini	0.131* (2.52)	−0.106* (−2.34)	0.041*** (4.59)	0.035*** (4.47)	0.039*** (3.76)	0.030 3** (3.05)
其他控制变量	控制	控制	控制	控制	控制	控制
截距	0.328***	0.362***	10.95***	10.93***	10.93***	10.92***
年度固定效应	控制	控制	控制	控制	控制	控制
公司固定效应	控制	控制	控制	控制	控制	控制
R^2	0.422	0.351	0.457	0.436	0.62	0.55

注：括号内值为标准差。***、**、* 分别表示 1%、5%、10%的显著水平。

4. 稳健性检验

（1）平行趋势检验。为进一步确认模型估计值的可靠性，本研究选择了平行趋势检验。假设如下：当养老金并轨改革未发生，处理组与对照组的时间趋势是否一致。若是一致，模型可靠；不一致，则模型不可靠。设定模型如下

$$Y\text{-}goverment_{st} = a_1 + a_2 \times D_{st-8} + a_3 \times D_{st-7} + \cdots + a_{10} \times D_{st-2} + \delta \times X_{ist} + \eta_i + \varphi_s + \lambda_t + \varepsilon_{ist} \quad (7-7)$$

$$Y\text{-}Institution_{ct} = a_1 + a_2 \times D_{ct-8} + a_3 \times D_{ct-7} + \cdots + a_{10} \times D_{ct-2} + \delta \times X_{ict} + \eta_i + \lambda_t + \varepsilon_{ict} \quad (7-8)$$

$$Y\text{-}Statecontrolled_{bt} = a_1 + a_2 \times D_{bt-8} + a_3 \times D_{bt-7} + \cdots + a_{10} \times D_{bt-2} + \delta \times X_{ibt} + \eta_i + \lambda_t + \varepsilon_{ibt} \quad (7-9)$$

其中 $Y\text{-}goverment_{st}$ 为机关单位人员待遇，$Y\text{-}Institution_{ct}$ 为事业单位人员待遇，$Y\text{-}Statecontrolled_{bt}$ 为企业单位人员待遇，模型（5）、模型（6）和模型（7）中，$D\pm Jxt$ 为一系列虚拟变量，$x=s$、c、b。当处理组在并轨前的 J 年时，$D\pm Jxt$ 取值为 1；当处于并轨后的 J 年时，$D\pm Jxt$ 取值为 1；除此之外 $D\pm Jxt$ 均取值为 0。以并轨的当年作为参照组，回归结果中 $D\pm Jxt$ 的系数就表示与此参照组相比，在并轨试点前后的第 j 年，处理组和对照组的收入待遇变化趋势是否存在显著差异。为更直观体现出结果，我们在图 7－1 中给出了 $D\pm Jxt$ 的系数走势，横轴是距离试点前后的年份，纵轴是估计值的大小。

从图 7－1 可以明显看出，当 $j=-1$、0 时，D 的系数呈现上升趋势，也

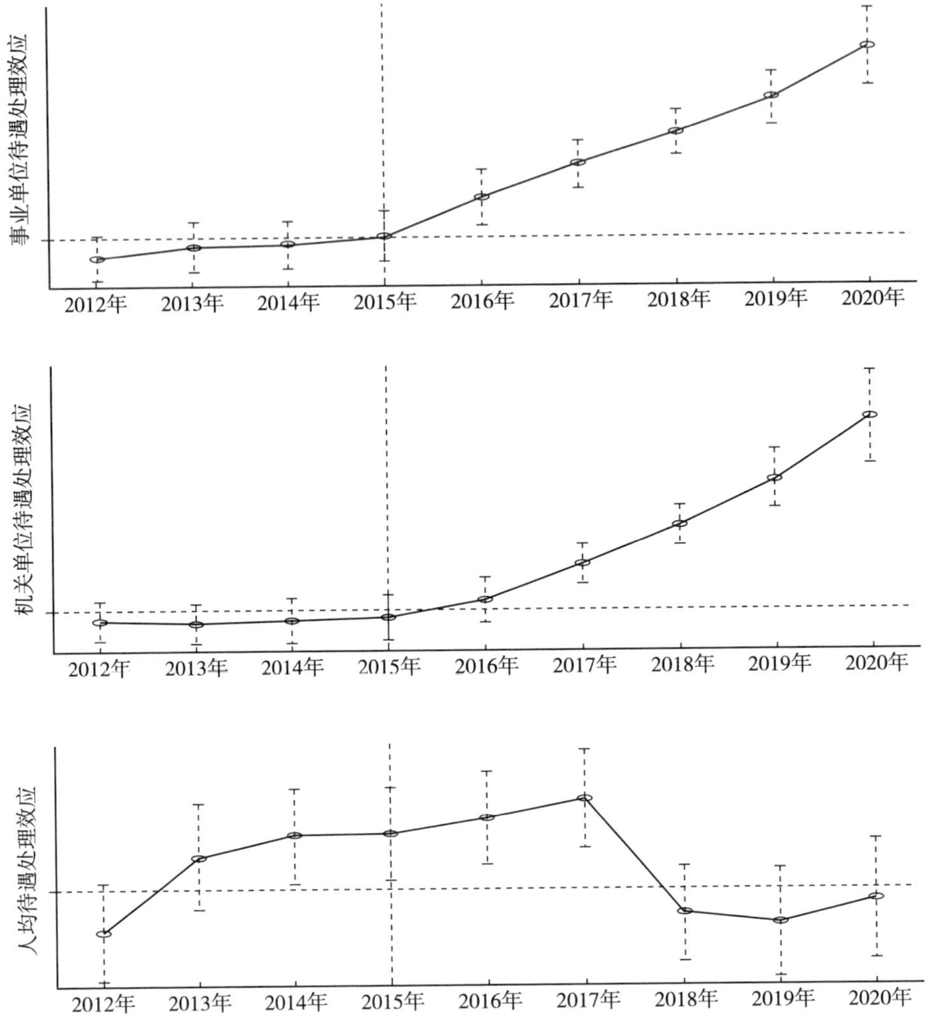

图 7－1　平行趋势检验

就是说在养老金并轨实行之前，处理组和对照组的劳务报酬变化趋势均平稳。但是养老金并轨改革之后，机关事业单位人员待遇的处理效应明显，且呈现大幅度上涨趋势。同样，人均待遇则是震荡态势，因此平行趋势假设成立，双重差分模型稳健。

（2）安慰剂实验。为确保模型处理效应更加可靠，本研究进行安慰剂实验。具体如下：私营企业人员由于不在改革范围之内，因此将其作为安慰剂。

然后在实施年份前设置一个伪时间点，以国控单位人员代替处理。假如没有观测到收入待遇显著变化，证明回归结果稳健。

由表 7－13 可知，以人均待遇作为安慰剂，安慰剂监测结果显示：人均收入待遇在养老金并轨政策实施前后，不存在显著差异性。变量 $Treat15 \times Post15$ 的回归分析结果显示，在 1％显著性水平下，不存在显著相关性。结合回归系数可知，回归系数为正负都存在，说明人均收入待遇在养老金并轨政策实施后存在震荡态势。由此得到以下结论：不受养老金并轨政策实施的影响，人均收入待遇有小幅波动。依此类推，可知若未实施养老金并轨政策，则机关事业单位工作人员，其收入待遇也可能会存在小幅度波动，但不会出现大幅上涨的情况。

表 7－13　改革对机关事业单位人均待遇的影响

变量名称	人均待遇			
	Total	Developed	Medium	Under developed
$Treat15 \times Post15$	128.978***	−162.167	−98.693	203.003***
截距	11.03***	12.02***	12.42***	12.51***
年度固定效应	控制	控制	控制	控制
其他控制变量	控制	控制	控制	控制
单位固定效应	控制	控制	控制	控制
R^2	0.463	0.445	0.512	0.542

注：*** 表示 1％的显著水平。

综上所述，实证数据分析结果表明，养老金并轨政策实施后，机关事业单位工作人员的劳务待遇显著提升。可见，养老金并轨政策的实施对机关事业单位人员收入待遇提升，具有显著的促进作用，从而侧面证实了分析结果的稳健性。

四、结论和政策建议

（一）主要结论

本研究利用《关于机关事业单位工作人员养老保险制度改革的决定》实施的准自然实验情景，考察了改革对于机关事业人员与劳务待遇之间的关系。实证结果表明，《决定》对改革对象中的在职人员确实进行了工资补偿，总体上也提高了机关事业单位人员的劳务待遇。进一步分析发现，第一，机关事业单位与企业养老金制度之间建立真正“去身份化”过程中，“双轨制”改革采取“增量改革”，其并没有破解原有制度困境。第二，由于地区发达程度的不同，机关事业单位内部工资补偿金额比例不同。第三，改革之后，机关事业单位净收入率大幅上涨，但是消费增加率与企业单位人员增加率接近，所以机关事业单位更偏向于储蓄。第四，欠发达地区的机关事业单位在本次改革中净收益达到了18%以上，超过发达和中等发达地区。

（二）政策建议

第一，深化养老保险改革，加快共同富裕步伐。深化养老保险改革，打破体制内外身份属性差别，消除发展不平衡不充分的矛盾，缩小不同地区不同群体间的养老金待遇差距，促进人才在机关事业单位和企业间的合理流动，切实推进共同富裕进程，促进社会公平正义。鉴于社会福利刚性特征，不宜过多降低机关事业单位养老待遇水平，而应通过转移支付的形式适当地提升城乡基础养老金水平，尤其是农民的基础养老金水平。改革过程中制定相对科学合理的“老人老办法、新人新政策、中人逐步过渡”政策措施，不宜过大拉开三个群体的养老待遇水平，造成机关事业单位人员“内部不公平”。

第二，健全工资合理增长机制，避免泛福利化增长。深化机关事业单位内部人事管理制度，建立科学合理的工资增长机制，严格落实提高基本工资标准的要求，避免部分地区利用国家政策进行泛福利化的工资提升，建立和优化机关事业单位绩效工资制度，合理控制不同岗位不同群体之间的工资极差，形成合理的收入分配格局、促进共同富裕。改变目前私营经济尤其民营企业和个体户中劳资博弈不均衡的现状，充分发挥企业职工工会的维权作用，制定科学合理的最低工资标准线，健全工资合理增长机制，通过推行“劳资合作”“集体谈判”等制度决定工资水平和工资增长率，将一线职工工资增长纳入企业经营考核评价范围，从而推动企业在分配上适当向一线职工倾斜，提高劳动报酬在初次分配中的比重。

第三，降低新业态参保门槛，确保养老保险全覆盖。随着数字化改革步伐不断加快，数字经济、平台经济、共享经济大力发展，非正规就业人数进一步增多，应将新业态从业劳动者纳入养老保险制度，从而扩大养老保险基金池，提高社保基金平稳运行的可持续性和新业态从业劳动者未来的风险抵抗力。社会养老保险制度应适应就业模式变迁，逐步建立“非标准劳动关系”的社会保障制度，建议降低社会养老保险参保门槛，明确新业态劳动者参保要求和办法，提高职工基本养老保险对新业态从业劳动者的覆盖率。推进面向新业态从业劳动者的第二、第三支柱养老金产品开放，鼓励平台企业为新业态劳动者提供多种形式的商业补充保险，从而提高非标准劳动关系中的劳动者养老待遇水平。

第四，确保养老保障制度公平，加快养老金全国统筹。加快养老保险全国统筹步伐，全面落实基础养老金制度设计的统一，实现所有参保人群在制度、规则和参数上的统一，建立“保低限高”的养老金调节机制，确保养老保障制度公平，扎实推进共同富裕。在统筹城镇养老保险体系建设的基础上，下一步要着重统筹推进城乡社会保障体系建设，尤其要稳步提高农民的养老保障待遇水平，增强养老保障制度的反贫困功能。继续完善养老金中央调剂制度，建立中央和地方政府的支出责任分担机制，在全国范围内对地区间养老保险基金当期余缺进行调剂，从制度上解决养老基金的结构性矛盾问题，缩小东、中、西部地区养老待遇差距，使得不同地区不同群体的退休人员在养老金的领取方面能够尽量享受相同的待遇，促进共同富裕。

第五，缩小养老待遇差距，促进全社会共享发展成果。养老金并轨改革解决的是体制内外养老待遇差距问题，但并没有解决基本养老金制度在城乡之间的差距问题。从扎实推进共同富裕、夯实社会保障基础的角度而言，未来养老金制度改革应聚焦缩小城乡之间的养老待遇差距。例如：加大财政转移支付比例，建立农村居民最低养老金正常增长机制，提高农村居民最低养老待遇水平，进一步缩小城乡养老待遇差距。可建立农村老年低收入人口生活特殊补贴制度，以满足农村老年居民最低生活需要，让广大农村老年居民共享经济社会发展成果，真正做到老有所养、老有所依。

第八章　养老金并轨改革对养老待遇水平的影响研究

本章依托社会公平理论、福利经济理论与我国养老保险制度的再分配机制理论为养老金并轨是否能平滑机关事业单位与企业之间的养老待遇差距找寻合理的解释。根据CHARLS 2011—2018年数据库和中国统计年鉴，建立双重差分模型对并轨后机关事业单位工作人员的养老待遇动态变化进行研究。选取养老金替代率、基本养老金、包含企业（职业）年金后的养老金总收入指标作为衡量养老待遇水平的指标，分别建立以企业职工、机关“老人”为对照组的DID模型，评估并轨改革对机关事业单位养老待遇内部差距与外部差距的影响，并深入分析并轨改革的影响机制与异质性。通过实证分析，拟解决以下问题：机关事业单位职工的养老金待遇并轨后是否会出现明显变化？两部门之间的养老待遇差距是否会有所改善？本章建立双重差分模型评估并轨改革对机关事业单位养老待遇内部差距与外部差距的影响。

一、数据来源及样本处理

本研究实证分析使用的数据来自中国统计年鉴与2011—2018年北京大学国家发展研究院中国经济研究中心的中国健康与养老追踪调查（China Health and Retirement Longitudinal Study，简称CHARLS）。CHARLS曾于2011年、2013年、2015年、2018年分别在全国28个省（自治区、直辖市）的150个县、450个社区（村）开展调查访问。本研究使用CHARLS 2011、CHARLS 2013、CHARLS 2015、CHARLS 2018四期数据构造面板数据进行分析，利用问卷中个人特征、工作、退休和养老金等基本信息进行变量生成。此外，本研究通过国家统计年鉴获取相应年份各省份的人均GDP、居民消费价格指数等数据。

在本研究调查的2011—2018年，城镇职工养老保险制度改革的冲击有且仅为2015年全面开展的机关事业单位养老保险制度改革，并无其他相关政策实行而出现明显的制度变化，制度改革冲击的唯一性为识别并轨效应提供了可行性。CHARLS在每一调查年度会询问受访者是否参保政府机关退休金、事业单位退休金或职工基本养老保险以及参保的具体种类。因此本研究在样本选择上仅保留参保机关事业单位养老保险或企业职工基本养老保险的人员。

本研究具体的数据处理过程如下：首先，参考相关文献与理论筛选出与研究相关的变量，将四期数据合并为面板数据。考虑到数据的完整性，对缺失值和异常值进行处理，删除关键变量为缺失值的职工样本，对于只有少数变量存在缺失的样本，本研究进行缺失值弥补，对所有收入、资产指标进行上下1%缩尾处理。为保证研究结果的稳健性，涉及的收入变量均依据各省份的居民消费价格指数进行平减，并取对数处理，使其更加平稳。筛选后共得到有效观测样本5 297个。有效观测样本中，机关事业单位养老保险参保样本2 043个，企业职工养老保险参保样本3 254个。

二、变量说明

1. 被解释变量

本实证研究关心的变量为城镇职工的养老待遇，因此选择基本养老金收入、包含年金的养老金总收入、养老金替代率三种指标作为被解释变量。基本养老金收入为参保机关事业单位养老保险人员与参保企业职工养老保险人员每月所领取的退休金。该指标可直观反映基本养老保障水平。并轨政策中涉及的职业年金作为一项补充养老保险制度，因参保的强制性可能会对职工养老待遇产生一定的影响。因此通过比较包含年金的养老总收入可反映并轨改革对职工整体养老待遇的影响。阅读相关文献可知，学者大多使用养老金替代率指标来评估养老保障水平及养老保险制度的可持续性，养老金替代率根据参考对象不同又可分为平均养老金替代率、目标养老金替代率、总额养老金替代率等指标（于宁，2018）。本研究选用平均养老金替代率来衡量养老待遇水平，设定养老金替代率公式为个人养老金收入/同年全省职工平均月工资（纪园园，2022）。该指标通过对比退休人员养老金收入与在职人员工资收入，既可反映退休人员的相对养老保障程度，又可评估在职人员的养老金缴费压力。

2. 核心解释变量

本研究使用政策虚拟变量与时间虚拟变量的交互项作为核心解释变量。并设定改革前的年份为控制期，改革后的年份为处理期。在研究公私部门养老待遇差异模型中，处理组与对照组分别为参保机关事业单位养老保险职工与参保企业职工养老保险职工。在研究机关事业单位内部养老待遇差异模型中，处理组与对照组分别为政策实施后退休职工与政策实施前退休职工。

3. 控制变量

本研究的控制变量从个人基本特征、工作特征、家庭特征与地区特征等维度进行设定。个人特征包括年龄、性别、受教育水平、健康状况、婚姻状况，工作特征包括在职工资、缴费年限、缴费比例，家庭特征包括子女数、房产价值、家庭金融资产，地区特征包括人均地区 GDP、地方财政社保支出（表 8－1）。

表 8－1　变量设定及来源

变量	变量名称	变量符号	变量含义
被解释变量	基本养老金收入	ln*C1*	基本养老金收入对数
	养老金总收入	ln*C2*	基本养老金加年金收入的对数
	养老金替代率	*tidailv*	养老金总收入/全省职工平均工资
核心解释变量	政策虚拟变量	*treat*	处理组为 1，对照组为 0
	时间虚拟变量	*post*	处理期为 1，控制期为 0
个人特征变量	性别	*gender*	男性取值为 1，女性取值为 0
	年龄	*age*	调查问卷中员工的实际年龄
	婚姻状况	*martial*	未婚取值为 0，分居/离异/丧偶取值为 1，已婚取值为 2
	受教育水平	*edu*	初中及以下取值为 0，中学取值为 1，本科及以上取值为 2
	健康状况	*health*	慢性病种数
工作特征变量	在职工资	ln*inc*	员工月工资的自然对数
	缴费年限	*jf*	社会保险缴费年限
	缴费比例	*jiaofeilv*	缴纳保险费/在职工资
家庭特征变量	房产价值	ln*house*	房产价值对数
	子女数	*child*	家庭中 18 岁以下家庭成员的数量
	家庭金融资产	ln*jrzc*	金融资产对数
地区特征变量	人均地区 GDP	ln*gdp*	人均地区 GDP 对数
	地方财政社保支出	ln*sbcz*	地方财政社保支出对数

三、模型设定

为了全面评估并轨改革对机关事业单位工作人员养老待遇的影响，本研究分别从机关事业单位与企业的待遇差距和机关事业单位内部差距两个角度进行研究。本研究从绝对量、相对量的角度构建以下双重差分模型来探究改革后机关事业单位职工与企业职工在养老金待遇上的差异变化，即

$$\ln C1_{it} = \alpha_0 + \alpha_1 treated_{it} + \alpha_2(post_{it} \times treat_{it}) + \sum_{k=3}^{n}\alpha_k X_{k,it} + \lambda_i + \gamma_t + \varepsilon_{it} \tag{8-1}$$

$$\ln C2_{it} = \alpha_0 + \alpha_1 treated_{it} + \alpha_2(post_{it} \times treat_{it}) + \sum_{k=3}^{n}\alpha_k X_{k,it} + \lambda_i + \gamma_t + \varepsilon_{it} \tag{8-2}$$

$$tidailv_{it} = \alpha_0 + \alpha_1 treated_{it} + \alpha_2(post_{it} \times treat_{it}) + \sum_{k=3}^{n}\alpha_k X_{k,it} + \lambda_i + \gamma_t + \varepsilon_{it} \tag{8-3}$$

其中，下标 i 代表受访者，下标 t 代表受访年限。模型（8－1）至模型(8－3)的被解释变量分别为基本养老金对数（$\ln C1_{it}$）、养老金总收入对数($\ln C2_{it}$)、个人养老金替代率（$tidailv_{it}$）。$treat_{it}$为受改革冲击的虚拟变量，其系数代表受到改革冲击的个体与未受冲击个体之间的养老待遇差距。处理组为参保机关事业单位养老保险的员工，对照组为参保企业职工基本养老保险的员工。$treat_i$ 虚拟变量定义如下

$$treat_i = \begin{cases} 1, \text{“机关事业单位”} \\ 0, \text{“企业”} \end{cases}$$

$post_{it}$为改革时间虚拟变量，2015 年后为政策实施年份，$post_{it}$记为 1，2014 年前为政策未实施年份，$post_{it}$记为 0。$post_{it} \times treated_{it}$为时间和受改革冲击的交叉项，其系数代表了本次改革对养老待遇的净影响，本研究据此考察养老金并轨政策的实施效果。$X_{k,it}$表示影响养老待遇的一系列控制变量，包括个体特征变量、家庭特征变量和工作特征变量等。λ_i 为地区固定效应，γ_t 为时间固定效应，ε_{it}为随机误差项。

为评估改革前后机关事业单位职工内部养老待遇差异，本研究同样从绝对量、相对量的角度构建以下 DID 模型

$$\ln C1_{it} = \beta_0 + \beta_1 treated_{it} + \beta_2 (post_{it} \times treated_{it}) + \sum_{k=3}^{n} \beta_k X_{k,it} + \lambda_i + \gamma_t + \varepsilon_{it} \tag{8-4}$$

$$\ln C2_{it} = \beta_0 + \beta_1 treated_{it} + \beta_2 (post_{it} \times treated_{it}) + \sum_{k=3}^{n} \beta_k X_{k,it} + \lambda_i + \gamma_t + \varepsilon_{it} \tag{8-5}$$

$$tidailv_{it} = \beta_0 + \beta_1 treated_{it} + \beta_2 (post_{it} \times treated_{it}) + \sum_{k=3}^{n} \beta_k X_{k,it} + \lambda_i + \gamma_t + \varepsilon_{it} \tag{8-6}$$

其中，下标 i 代表受访者，下标 t 代表受访年限。模型（8－4）至模型（8－6)的被解释变量分别为基本养老金对数（$\ln C1_{it}$）、养老金总收入对数（$\ln C2_{it}$）、个人养老金替代率（$tidailv_{it}$）。改革将机关事业单位参保人员划分为“新人”“中人”“老人”三大群体。其中“老人”的养老待遇维持不变，“新人”与“中人”在缴费与收益上都有所变化，因此本研究将机关事业单位“老人”（即2014年前退休的参保人员）设为对照组，将改革后退休的机关事业单位人员设为处理组。因在政策未实施的年份“新人”（2014年后参加工作的参保人员）与“中人”（2014年前工作，年后退休的参保人员）都还未领取养老金，本研究利用CHARLS问卷中受访者关于“您预期领多少钱的养老金”的回答来设定对应当年的养老金水平。$treated_i$ 虚拟变量定义如下

$$treated_i = \begin{cases} 1, \text{改革后退休的参保人员} \\ 0, \text{改革前退休的参保人员} \end{cases}$$

其余变量设定与模型（8－1）至模型（8－3）相同。

四、描述性分析

本研究根据员工参保类型对样本做了分组描述，包括全体样本、机关事业单位员工子样本和企业子样本的均值及标准差，并对两子样本各变量的差异做了统计，详见表8－2、表8－3。从表中可知，改革后机关事业单位的养老金水平有所增长，但养老金替代率下降较多。从人口学特征上比较，并轨前后机关事业单位与企业单位内的性别比例没有发生明显变化，机关事业单位员工的受教育水平普遍高于企业员工。从工作特征上比较，机关事业单位子样本的缴费年限较长，工资显著较高。从家庭特征上比较，机关事业单位子样本与企业子样本则没有明显区别。

表 8－2　主要变量统计性描述

变量	观测值	平均值	标准差	最小值	最大值
养老金替代率	5 297	0.531	0.244	0.041	1.74
基本养老金对数	5 297	2.823	0.457	0.611	3.919
总养老金对数	5 297	3.829	0.463	0.611	5.094
性别	5 297	0.633	0.482	0	1
年龄	5 297	61.120	9.847	33	97
婚姻状况	5 297	1.909	0.297	0	2
受教育水平	5 297	0.531	0.683	0	2
健康状况	5 297	1.686	1.730	0	13
在职工资对数	5 297	10.079	0.864	6.685	12.611
缴费年限	5 297	27.700	15.130	1	40
缴费比例	5 297	0.127	0.136	0	0.88
金融资产对数	5 297	2.245	1.542	2.457	13.151
子女数	5 297	2.043	1.185	1	10
房屋价值对数	5 297	3.926	2.162	0	13.815
人均地区 GDP 对数	5 297	10.798	0.365	10.002	11.925
地方财政社保支出对数	5 297	6.536	0.393	5.088	7.405

表 8－3　主要变量统计性描述

变量	机关事业单位		企业	
	控制期	处理期	控制期	处理期
基本养老金对数	2.864 (0.509)	2.991 (0.488)	2.648 (0.431)	2.804 (0.389)
养老金总收入对数	2.866 (0.508)	2.998 (0.496)	2.652 (0.434)	2.809 (0.397)
养老金替代率	0.663 (0.305)	0.632 (0.275)	0.477 (0.203)	0.463 (0.180)
年龄	59.257 (9.967)	61.016 (9.938 9)	59.022 (9.506)	63.051 (9.559)
性别	0.692 (0.461)	0.707 (0.455)	0.593 (0.491)	0.587 (0.492)

（续）

变量	机关事业单位		企业	
	控制期	处理期	控制期	处理期
受教育水平	0.773 (0.762)	0.783 (0.740)	0.386 (0.594)	0.368 (0.583)
婚姻状况	1.941 (0.235)	1.911 (0.281)	1.911 (0.302)	1.893 (0.317)
健康状况	1.305 (1.390)	1.863 (1.781)	1.292 (1.472)	1.933 (1.872)
子女数	2.163 (1.223)	2.093 (1.208)	1.953 (1.144)	2.018 (1.173)
在职工资对数	7.634 (0.741)	7.870 (0.728)	7.565 (0.643)	7.799 (0.661)
房屋价值	3.400 (1.944)	3.993 (2.325)	3.722 (2.011)	4.193 (2.174)
个人收入	10.181 (0.673)	10.252 (1.048)	9.999 (0.619)	10.001 (1.162)
金融资产	9.933 (1.800)	9.928 (1.907)	9.836 (1.937)	9.818 (1.868)
人均地区 GDP	10.644 (0.303)	10.853 (0.328)	10.661 (0.350)	10.897 (0.373)
地方财政社保支出	6.281 (0.298)	6.677 (0.346)	6.255 (0.308)	6.698 (0.355)
缴费比例	0.130 (0.178)	0.120 (0.140)	0.152 (0.155)	0.118 (0.111)
缴费年限	28 (9.777)	27.652 (14.211)	25.602 (11.258)	24.589 (3.634)
样本数	751	1 292	1 169	2 085

五、养老金并轨对机关事业单位养老待遇的实证结果

1. 基本检验

养老金并轨能否改善机关事业单位与企业职工之间的养老待遇差异，表 8 - 4

汇报了以企业为对照组的检验结果。其中第（1）至（3）列以基本养老金收入为被解释变量，逐步加入控制变量与地区固定效应的检验效果。结果表明交互项系数在5%水平上显著为正，改革使机关事业单位职工的基本养老金增加0.192%。第（4）至（6）列以养老金总收入为被解释变量，基于这一变量的估计始终为正且在5%水平上显著，改革使机关事业单位职工的养老金总收入增加0.237%。第（7）至（9）列以养老金替代率为被解释变量，交互项的回归系数为0.08，说明并轨后机关事业单位职工的养老金替代率上升了0.08。从整体上看，控制了个体特征和地区固定效应后，改革后相较于企业职工，机关事业单位整体的养老金水平并没有出现降低的情况，职业年金的建立拉大了与企业职工养老收入的差距，在职员工承担机关退休人员养老金缴费的压力进一步增加。

本研究再来考察其他解释变量的回归情况，由于估计结果具有较高的稳健性，且加入控制变量与地区固定效应后模型拟合优度较高，本研究以第（3）（6）（9）列的回归结果进行分析。数据表明，性别对养老金替代率有显著影响，男性的养老金替代率增长比率比女性高4.7%，说明并轨后男性相对养老保障水平要高于女性，这可能与男女性退休年限的不同导致养老金计发差异有关。三种模型中受教育水平的回归系数都在5%检验水平上显著为正，这表明学历越高养老金待遇越高，因高学历人才在机关事业单位可能担任更高职位，相应的工资基础与涨幅也会更高。在工作特征方面，缴费年限与在职工资对养老待遇有显著的促进影响。在家庭特征方面，子女数对养老待遇有抑制作用。房屋价值与金融资产对养老金待遇也有显著的正向促进作用，说明家庭收入水平对养老金水平也有一定的保障作用。

表8-4　基本检验回归结果

变量	基本养老金收入			养老金总收入			养老金替代率		
	(1)	(2)	(3)	(4)	(5)	(6)	(7)	(8)	(9)
did	0.616**	0.205***	0.192**	0.782**	0.237***	0.212**	−0.016*	0.088**	0.080**
	(2.21)	(2.62)	(2.42)	(2.46)	(2.89)	(2.54)	(−1.94)	(2.46)	(2.22)
treat	1.690***	0.017	0.025	1.696***	0.011	0.028	0.074***	0.033	0.023
	(6.35)	(0.24)	(0.35)	(5.67)	(0.15)	(0.37)	(9.51)	(1.05)	(0.73)
age		−0.003	−0.004		−0.004	−0.005		−0.003	−0.003
		(−0.43)	(−0.62)		(−0.55)	(−0.72)		(−0.97)	(−1.25)

（续）

变量	基本养老金收入			养老金总收入			养老金替代率		
	(1)	(2)	(3)	(4)	(5)	(6)	(7)	(8)	(9)
gender		0.043 (0.65)	0.063 (0.93)		0.038 (0.55)	0.058 (0.83)		0.047* (1.67)	0.047* (1.68)
edu		0.108*** (3.13)	0.101*** (2.88)		0.109*** (3.07)	0.100*** (2.79)		0.055*** (3.72)	0.052*** (3.53)
Health		0.080 (1.48)	0.080 (1.47)		0.097* (1.74)	0.097* (1.72)		0.033 (1.43)	0.036 (1.53)
martial		−0.026 (−0.25)	−0.027 (−0.26)		−0.018 (−0.17)	−0.022 (−0.21)		0.010 (0.22)	0.005 (0.12)
child		−0.054 (−1.59)	−0.049 (−1.39)		−0.051 (−1.50)	−0.047 (−1.32)		−0.017 (−1.20)	−0.017 (−1.18)
ln*gdp*		−0.014 (−0.17)	−0.306 (−0.65)		0.020 (0.24)	0.020 (0.04)		0.164*** (−4.85)	−0.348 (−1.63)
ln*sbcz*		−0.086 (−1.09)	−0.244 (−0.82)		−0.110 (−1.36)	−0.425 (−1.36)		−0.014 (−0.44)	0.020 (0.15)
jf		0.008*** (3.04)	0.006** (2.30)		0.009*** (3.26)	0.007** (2.45)		0.006*** (4.91)	0.005*** (4.33)
jiaofeilv		0.004 (1.11)	0.004 (1.08)		0.006 (1.37)	0.005 (1.25)		0.002 (0.91)	0.001 (0.53)
ln*house*		0.005 (0.51)	0.004 (0.37)		0.004 (0.35)	0.003 (0.29)		0.009* (1.81)	0.008* (1.66)
ln*jrzc*		0.009 (0.78)	0.006 (0.56)		0.008 (0.67)	0.005 (0.40)		0.014* (2.62)	0.013* (2.38)
ln*inc*		0.227*** (5.87)	0.203*** (5.08)		0.215*** (5.39)	0.195*** (4.71)		0.107*** (6.36)	0.100*** (5.82)
Constant	16.230*** (84.23)	0.833 (0.83)	5.197 (1.05)	16.296*** (77.50)	0.739 (0.73)	3.060 (0.58)	0.548*** (97.80)	1.097*** (2.65)	2.941 (1.29)
时间固定效应	控制	控制	控制	控制	控制	控制	控制	控制	控制
地区固定效应			控制			控制			控制
R^2	0.094	0.284	0.359	0.089	0.283	0.356	0.106	0.368	0.457
Observations	5 297	5 297	5 297	5 297	5 297	5 297	5 297	5 297	5 297

注：***、**、*分别代表1%、5%、10%的显著性水平，括号内为 t 检验值。下表同。

从上文可知养老金制度改革目前还没有显著缩小机关事业单位职工与企业职工的养老待遇差距，但制度是否对机关事业单位内部的待遇水平进行平滑值得进一步探讨。检验结果如表 8－5 所示，综合结果来看，相较于机关事业单位中的“老人”群体，并轨后退休群体的养老待遇有明显下降的趋势。第（1）至（3）列为基本养老金的估计结果，交互项的估计系数在 5% 检验水平上显著为负，表明养老金并轨以后机关事业单位“新人”“中人”的基本养老金收入相较“老人”有明显的下降趋势。第（4）至（6）列则是逐渐加入各类控制变量和固定效应后养老金总收入的估计结果，交互项系数与基本养老金趋势相同。第（7）至（9）列以养老金替代率为被解释变量，结果表明虽然交互项的回归系数在大小上有一定程度的变动，但始终在 5% 检验水平上显著为负，说明控制了个体特征和地区固定效应后，养老金替代率较并轨前出现明显下降。从整体而言，养老金并轨在机关事业单位内部有了显著的抑制作用，虽然职业年金在一定程度上弥补了基本养老金的福利损失，但并轨后机关事业单位的养老总收入依然呈下降趋势。养老金替代率的下降幅度要明显大于绝对收入指标，说明改革对平滑整个社会的收入结构有一定的作用。

本研究以第（3）（6）（9）列完整模型的估计结果来考察其他解释变量的估计结果。在个人特征与家庭特征方面，年龄、性别、受教育水平、健康状况、婚姻状况、家庭子女数与家庭财富背景对养老金替代率没有显著影响，因处理组与控制组属于同一职业范围，机关事业单位内部员工的背景素质没有显著的差异。在工作特征上，缴费年限与缴费比例是影响机关事业内部养老待遇的重要因素。改革前机关事业单位不需要个人缴费，且计发办法不与工作年限挂钩，因此改革后计发方法的变化使得养老待遇有了明显变化。除此之外，不同地区的经济实力水平与社保财政能力也在一定程度上影响机关事业单位的养老保障水平。人均 GDP 对养老金替代率的影响显著为负，说明经济越发达的地区对政策改革的反响与实行更加迅速有效。

表 8－5　基本检验回归结果

变量	基本养老金收入			养老金总收入			养老金替代率		
	(1)	(2)	(3)	(4)	(5)	(6)	(7)	(8)	(9)
did	0.616**	0.205***	0.192**	0.782**	0.237***	0.212**	−0.016*	0.088**	0.080**
	(2.21)	(2.62)	(2.42)	(2.46)	(2.89)	(2.54)	(−1.94)	(2.46)	(2.22)

（续）

变量	基本养老金收入			养老金总收入			养老金替代率		
	(1)	(2)	(3)	(4)	(5)	(6)	(7)	(8)	(9)
treat	1.690***	0.017	0.025	1.696***	0.011	0.028	0.074***	0.033	0.023
	(6.35)	(0.24)	(0.35)	(5.67)	(0.15)	(0.37)	(9.51)	(1.05)	(0.73)
age		−0.003	−0.004		−0.004	−0.005		−0.003	−0.003
		(−0.43)	(−0.62)		(−0.55)	(−0.72)		(−0.97)	(−1.25)
gender		0.043	0.063		0.038	0.058		0.047*	0.047*
		(0.65)	(0.93)		(0.55)	(0.83)		(1.67)	(1.68)
edu		0.108***	0.101***		0.109***	0.100***		0.055***	0.052***
		(3.13)	(2.88)		(3.07)	(2.79)		(3.72)	(3.53)
Health		0.080	0.080		0.097*	0.097*		0.033	0.036
		(1.48)	(1.47)		(1.74)	(1.72)		(1.43)	(1.53)
martial		−0.026	−0.027		−0.018	−0.022		0.010	0.005
		(−0.25)	(−0.26)		(−0.17)	(−0.21)		(0.22)	(0.12)
child		−0.054	−0.049		−0.051	−0.047		−0.017	−0.017
		(−1.59)	(1.39)		(−1.50)	(−1.32)		(−1.20)	(−1.18)
ln*gdp*		−0.014	−0.306		0.020	0.020		0.164***	−0.348
		(−0.17)	(−0.65)		(0.24)	(0.04)		(−4.85)	(−1.63)
ln*sbcz*		−0.086	−0.244		−0.110	−0.425		−0.014	0.020
		(−1.09)	(−0.82)		(−1.36)	(−1.36)		(−0.44)	(0.15)
jf		0.008***	0.006**		0.009***	0.007**		0.006***	0.005***
		(3.04)	(2.30)		(3.26)	(2.45)		(4.91)	(4.33)
jiaofeilv		0.004	0.004		0.006	0.005		0.002	0.001
		(1.11)	(1.08)		(1.37)	(1.25)		(0.91)	(0.53)
ln*house*		0.005	0.004		0.004	0.003		0.009*	0.008*
		(0.51)	(0.37)		(0.35)	(0.29)		(1.81)	(1.66)
ln*jrzc*		0.009	0.006		0.008	0.005		0.014*	0.013*
		(0.78)	(0.56)		(0.67)	(0.40)		(2.62)	(2.38)
ln*inc*		0.227***	0.203***		0.215***	0.195***		0.107***	0.100***
		(5.87)	(5.08)		(5.39)	(4.71)		(6.36)	(5.82)
Constant	16.230***	0.833	5.197	16.296***	0.739	3.060	0.548***	1.097***	2.941
	(84.23)	(0.83)	(1.05)	(77.50)	(0.73)	(0.58)	(97.80)	(2.65)	(1.29)

（续）

变量	基本养老金收入			养老金总收入			养老金替代率		
	(1)	(2)	(3)	(4)	(5)	(6)	(7)	(8)	(9)
时间固定效应	控制	控制	控制	控制	控制	控制	控制	控制	控制
地区固定效应			控制			控制			控制
R^2	0.094	0.284	0.359	0.089	0.283	0.356	0.106	0.368	0.457
Observations	5 297	5 297	5 297	5 297	5 297	5 297	5 297	5 297	5 297

2. 稳健性检验

（1）平行趋势检验。双重差分模型的基本前提是处理组和对照组在政策实施前的发展趋势是一致的。本研究利用并轨改革对机关事业单位养老待遇收入效应的时间分布进行平行趋势检验。设定计量模型如下

$$\ln C1_{it} = \alpha + \beta treated_{it} + \sum_{t=2011}^{2018} \gamma(year_t \times treated_i) + \theta \times X + \lambda_i + \gamma_t + \varepsilon_{it} \tag{8-7}$$

$$\ln C2_{it} = \alpha + \beta treated_{it} + \sum_{t=2011}^{2018} \gamma(year_t \times treated_i) + \theta \times X + \lambda_i + \gamma_t + \varepsilon_{it} \tag{8-8}$$

$$tidailv_{it} = \alpha + \beta treated_{it} + \sum_{t=2011}^{2018} \gamma(year_t \times treated_i) + \theta \times X + \lambda_i + \gamma_t + \varepsilon_{it} \tag{8-9}$$

其中，$year_t$ 表示各年份虚拟变量，对应当年取值为 1，否则取值为 0，其余解释变量与基准回归模型的解释变量相同。针对基本养老金收入、养老金总收入和养老金替代率变量，对上式进行估计，平行趋势图如图 8-1 所示。从图 8-1 中可知，以政策前一期即 2013 年作为基准期，改革前的 2011 年被解释变量的估计系数的置信区间包含坐标轴正负区间，改革后的 2018 年被解释变量的估计系数的置信区间远离坐标轴。这表明改革前处理组与对照组的养老待遇变化趋势一致，改革后处理组与对照组存在显著差异，样本满足平行趋势假设。

（2）更换模型。因本研究使用的数据年份较少，时间趋势图并不能权威反映不存在共同趋势，为规避因跨度时间较短出现处理组与对照组在更长时间段不满足平行趋势假设，选用倾向得分匹配双重差分方法（PSM-DID）解决样

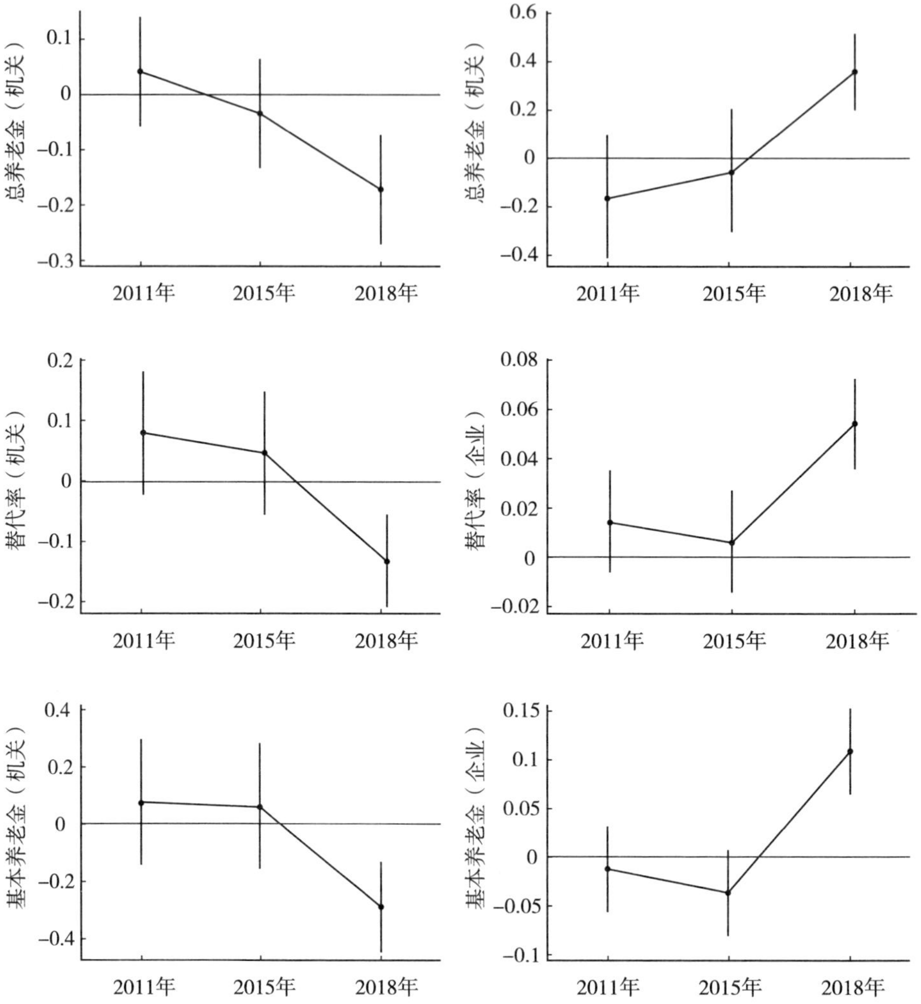

图 8－1　平行趋势

本偏误问题。PSM-DID 的优势在于可以在一定程度上消除不随时间变化的不可观测异质性影响，由此可以观察某一外生因素对因变量产生的净效应。

运用 PSM-DID 方法时，首先通过是否参与改革这一处理变量对控制变量进行 Logit 回归估计倾向得分，在对照组样本中筛选出与处理组样本特征接近、可供比较的匹配样本；再使用经倾向得分匹配筛选后的样本重新进行双重差分，可以有效度量改革对养老待遇的实际影响。本研究采用 Kernel 匹配方法（默认使用二次核函数，带宽为 0.06），对匹配后的协变量进行平衡性检验。两种模型的协变量都选取了年龄、性别、教育、婚姻、地区、健康、家庭规模、家庭人均收入、房产价值、人均地区 GDP 共十个变量。其检验结果如图 8－2、图 8－3 所示，本研究所选择的协变量在匹配后的处理组与对照组之间没有显著差异，且通过了联合检验，保证了 PSM-DID 估计方法的有效性。共同支撑域检验中，处理组和对照组均是基本对称的，处理组均存在控制组作为对照样本，满足共同支撑域条件。

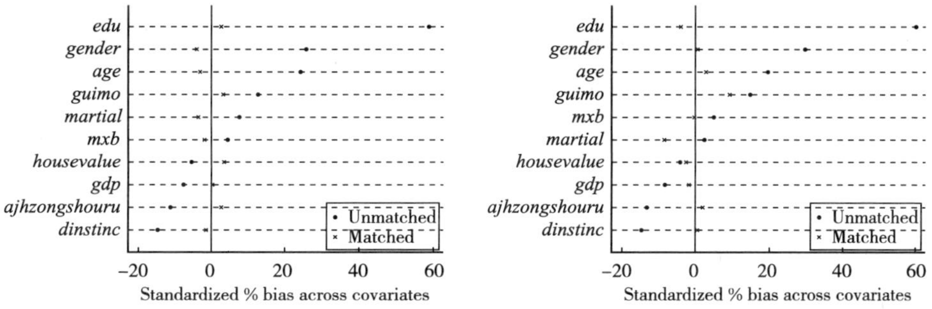

图 8－2　倾向得分匹配平衡

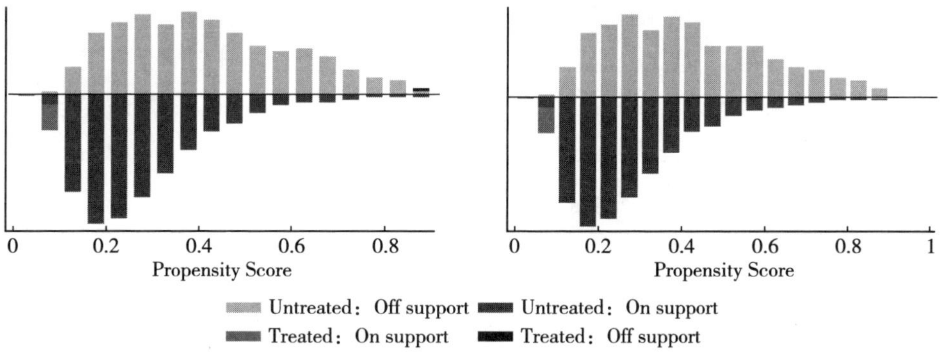

图 8－3　共同支撑域检验

PSM-DID 结果如表 8－6 所示，表中第（1）至（3）列为以企业为对照组的估计结果，第（4）至（6）列为以机关“老人”为对照组的估计结果，被解释变量依次为养老金替代率、基本养老金、养老金总收入。分析结果发现，经倾向得分匹配处理后，各模型结果更加显著，回归结果与基准 DID 相同，改革虽然使机关事业单位待遇福利有所降低，但与企业之间的养老待遇差距没有得到改善。

表 8－6　PSM-DID 结果

变量	以企业为对照组			以机关“老人”为对照组		
	(1)	(2)	(3)	(4)	(5)	(6)
did	0.099***	0.211***	0.234***	−0.097*	−0.218***	−0.195***
	(4.08)	(3.82)	(4.06)	(−1.79)	(−5.09)	(−4.43)
Constant	3.036***	5.308	3.170**	0.903	0.127	0.169
	(4.70)	(1.07)	(3.61)	(1.10)	(0.58)	(0.29)
时间固定效应	控制	控制	控制	控制	控制	控制
地区固定效应	控制	控制	控制	控制	控制	控制
R^2	0.457	0.360	0.359	0.357	0.229	0.226
Observations	5 297	5 297	5 297	2 043	2 043	2 043

（3）替换对照组。企业一直走在我国经济体制改革的前列，因此企业内部结构差异也不容忽视。企业按照投资主体划分为国有企业与民营企业。相比于民营企业，国有企业员工的综合素质与机关事业单位员工更相似，其他制度保障也更贴近。因此，本研究在稳健性检验中对照组仅保留国有企业员工进行基准 DID 估计。其回归结果如表 8－7 所示，模型估计系数在方向、显著性水平上与基准回归一致，但与企业整体相比，机关事业单位与国有企业员工的养老待遇差距扩大幅度较小。综合以上结果可以认为，依然存在公私部门养老金待遇差距过大的“事实双轨”，进一步支撑了前文的分析。

表 8－7　替换对照组结果

变量	(1) 养老金替代率	(2) 基本养老金	(3) 总养老金
did	0.032	0.059***	0.055***
	(1.70)	(8.59)	(8.86)
Constant	0.458***	2.308	2.213**
	(11.96)	(29.31)	(29.20)
时间固定效应	控制	控制	控制
地区固定效应	控制	控制	控制
R^2	0.155	0.173	0.157
Observations	2 360	2 360	2 360

六、并轨对养老待遇的进一步分析

1. 异质性检验

此次养老金并轨对不同人群采取不同政策，即使是相同的人群，也可能因为不同特征而对并轨产生不同反应。基本检验中发现性别、地区经济水平对养老待遇有显著影响，为此考察养老金并轨对机关事业单位养老待遇影响在不同人群、地区中的异质性。首先，通过交乘改革与性别虚拟变量后进行双重差分估计来研究性别维度上潜在的异质性。在机关事业单位与企业养老待遇差异模型中，基本养老金收入与养老金替代率的结果变量上未发现有显著的性别差异，但在养老金总收入变量上发现女性的改革效应显著强于男性。研究表明，机关事业单位男女性的养老待遇水平相较企业都有显著提高，但并轨对平滑女性养老待遇差距的作用更明显。表 8－8 中第（4）至（6）列为机关事业单位内部差异模型，三种指标的结果变量存在显著的性别差异，男性的养老待遇增长显著高于女性。由此可得，并轨改革对女性职工养老待遇冲击作用更明显，机关事业单位女性工作人员的利益损失超过同部门男性工作人员，性别不平等情况加剧。目前现行制度下，男女性退休年龄差异导致整体上男性职工群体的在职工资与缴费年限都高于女性职工群体。而养老保险制度“长缴多得、多缴多得”的特性导致两类群体之间的收入差距进一步扩大。

表 8－8　性别异质性结果

变量	以企业为对照组			以机关“老人”为对照组		
	(1)	(2)	(3)	(4)	(5)	(6)
did	0.136***	0.332***	0.393***	−0.136***	−0.292***	−0.270***
	(2.63)	(2.80)	(3.19)	(−5.85)	(−5.74)	(−5.21)
did×*gender*	−0.069	−0.169	−0.219**	0.042**	0.128***	0.122***
	(−1.51)	(−1.59)	(−1.99)	(2.18)	(3.08)	(2.88)
Constant	3.007	5.404	3.366	1.597***	4.270	0.527
	(1.32)	(1.09)	(0.65)	(5.63)	(1.53)	(0.88)
控制变量	控制	控制	控制	控制	控制	控制
地区固定效应	是	是	是	是	是	是
时间固定效应	是	是	是	是	是	是
观测值	5 297	5 297	5 297	2 043	2 043	2 043
R^2	0.458	0.360	0.357	0.234	0.244	0.207

我国经济发展水平由东向西呈递减趋势，不同省份和地区的参保居民对机关事业单位养老保险改革的反应可能不同。首先，依据国家统计局标准将我国划分为东、中、西部地区，进行区域异质性分析。长三角地区是全国出台机关事业单位养老保险制度改革方案较早的地区，江苏、浙江、安徽、上海均在2015年内相继出台了各省份的机关事业单位工作人员养老保险制度改革实施意见。因此，在划分东、中、西三区域的基础上加入长三角地区进行比较。数据处理后东、中、西部地区分别包括11个、8个、12个省（自治区、直辖市）。机关事业单位与企业养老待遇差异模型的区域异质性检验结果如表8-9所示，机关事业单位内部差异模型检验结果如表8-10所示。数据表明西部地区与长三角地区的改革效应十分明显，改革后扩大了城镇职工养老待遇差距。对内部差距进行研究发现，中西部地区机关事业单位养老金水平较改革前有显著下降趋势，东部地区未显示出明显的改革效应，但长三角地区改革效应明显。因此，本研究认为改革效应受到地区经济发展水平的影响，存在东、中、西部地区的区域异质性结果。原因主要为西部地区居民对养老保险的依赖度较高，而东部地区机关事业单位与企业工资差异不明显，居民的收入来源及养老保障层次更加丰富，机关事业单位养老保险改革对这些员工的影响较小。

2. 机制检验

依据上文实证结果可知，并轨后机关事业单位的养老待遇较并轨前有显著下降，但与企业职工的养老待遇差距依然存在。通过基准回归发现，养老金收益与养老金替代率的变动与员工工资水平、养老保险缴费比例、缴费年限及企业（职业）年金覆盖率有一定的关系。进一步分析机关事业单位的养老保障水平较改革前有所下降，但依然扩大与企业养老待遇差距的原因。本研究预计有两种途径产生下述结果。①并轨改革为弥补机关事业单位的福利损失，通过建立职业年金制度提升公职人员的养老待遇。而职业年金的高覆盖率会引起部门之间待遇差距拉大。②并轨改革在短期内会适当提高机关事业单位在职员工工资水平并改善薪酬结构，以此来调整养老金替代率水平。在企业员工养老待遇变动趋势平稳的基础上，在职员工工资升高会使企业职工的养老金替代率下降，造成待遇差距扩大。

通过基准回归结果发现，职业年金起到了提升机关事业单位员工养老收益的作用，而职业年金与企业年金是不是引起养老待遇差距的原因需进一步探讨。本研究以企业（职业）年金覆盖率为研究对象，检验机关事业单位人员与企业人员在并轨后年金参保率是否产生显著差异。检验结果如表8-11第

表 8-9　地区异质性结果（企业对照组）

变量	西部			中部			东部			长三角地区		
	(1)	(2)	(3)	(4)	(5)	(6)	(7)	(8)	(9)	(10)	(11)	(12)
did	0.167**	0.379***	0.379***	0.102	0.203	0.242	0.051	0.162	0.153	0.056	0.092*	0.110*
	(2.31)	(2.68)	(2.47)	(1.50)	(1.39)	(1.51)	(0.93)	(1.21)	(1.16)	(0.72)	(1.96)	(1.89)
控制变量	控制	控制	控制	控制	控制	控制	控制	控制	控制	控制	控制	控制
地区固定效应	是	是	是	是	是	是	是	是	是	是	是	是
时间固定效应	是	是	是	是	是	是	是	是	是	是	是	是
观测值	1 357	1 357	1 357	1 719	1 719	1 719	2 221	2 221	2 221	901	901	901
R^2	0.500	0.462	0.459	0.334	0.275	0.274	0.562	0.428	0.432	0.277	0.373	0.382

表 8-10　地区异质性结果（机关“老人”对照组）

变量	西部			中部			东部			长三角地区		
	(1)	(2)	(3)	(4)	(5)	(6)	(7)	(8)	(9)	(10)	(11)	(12)
did	−0.084**	−0.137*	−0.158**	−0.082***	−0.151**	−0.135*	−0.054	−0.287***	0.967	−0.149**	−0.258**	−0.277***
	(−2.35)	(−1.72)	(−1.97)	(−2.63)	(−2.08)	(−1.84)	(−1.20)	(−4.70)	(1.09)	(−3.57)	(−3.15)	(−3.40)
控制变量	控制	控制	控制	控制	控制	控制	控制	控制	控制	控制	控制	控制
地区固定效应	是	是	是	是	是	是	是	是	是	是	是	是
时间固定效应	是	是	是	是	是	是	是	是	是	是	是	是
观测值	575	575	575	711	711	711	757	757	757	291	291	291
R^2	0.236	0.217	0.228	0.193	0.155	0.161	0.450	0.316	0.393	0.266	0.263	0.267

（1）列所示，交互项的回归系数显著为正，大小为 0.033，表明养老金并轨促进公共部门员工职业年金覆盖率比企业员工的年金覆盖率高 3.3%，证明了在推行力度与发展效率上企业年金弱于职业年金。并轨改革后国家迅速推动职业年金发展，而企业年金因参保自愿性使其提升养老待遇的功能无法全面施展。两种年金在制度上的差别隐形地拉开机关事业单位与企业之间的待遇差距。

为验证路径二，本研究对改革后机关事业单位工作人员的工资水平变化进行检验。首先以全体样本工资为研究对象，为了保持模型的稳健性，样本中不剔除退休人员，该群体的工资用退休前在职月工资代替。在加入时间和地点固定效应后，回归结果如表 8－11 第（2）列所示，交互项的回归系数显著为正，大小为 0.170，说明并轨使公共部门员工的工资水平显著增加 17%。参照张文瑞（2021）方法对机关事业单位员工的薪酬结构进行分析，对工资进行分位数回归，表 8－11 第（3）至（5）列汇报了职工工资的分位数回归结果。结果显示，百分之二十五分位点交互项估计系数显著为正，这说明并轨增加了公共部门中低工资员工的工资，改善了薪酬结构。主要因为养老金并轨过程中，工资的提升通过提高基础工资的手段进行，同样数额的工资提升对低工资个体而言提升幅度更大，拉高机关事业单位的缴费基数并有助于提升机关事业单位缴费动力。

综上所述，养老金并轨通过改善机关事业单位的薪酬结构来弥补未来养老待遇下降的福利损失，提升机关事业单位员工缴费动力，同时企业年金与职业年金的覆盖率差异易导致公私两部门的待遇差距。

表 8－11　全样本与分位数回归结果

变量	(1) 企业（职业） 年金覆盖率	(2) 全样本工资	(3) Q25	(4) Q50	(5) Q75
did	0.033** (2.06)	0.170** (2.30)	0.169*** (2.63)	0.103* (1.81)	0.072 (1.22)
个人特征变量	控制	控制	控制	控制	控制
时间固定效应	控制	控制	控制	控制	控制
地区固定效应	控制	控制	控制	控制	控制

（续）

变量	(1) 企业（职业） 年金覆盖率	(2) 全样本工资	(3) Q25	(4) Q50	(5) Q75
常数项	−0.112**	7.866***	1.946*	1.082	2.078***
	(−0.93)	(1.74)	(1.66)	(1.20)	(2.63)
观测值	5 297	5 297	5 297	5 297	5 297
R^2	0.051	0.452	0.189	0.219	0.224

通过双重差分模型评估养老金并轨对机关事业单位养老待遇内部与外部差距的变化。首先介绍了数据来源、指标选取、计量模型设定，通过分组描述性分析对各指标做了简单对比。基准回归结果表明并轨后机关事业单位职工的基本养老金、养老金总收入、养老金替代率与同部门退休“老人”相比分别下降38.5%、16.6%、9.8%，但与企业职工差距相比分别上升19.2%、21.2%、8%。这说明虽然短期内机关事业单位员工的养老待遇低于同部门的退休“老人”，但还没有显著改善机关事业单位员工与企业职工的养老待遇差距。养老金并轨实现了公私部门职工共享同一个养老保险制度，但并没有消除两者巨大的保障水平差距。并轨改革后养老金收益存在明显的性别差异与地区差异，并轨改革对女性职工养老待遇冲击作用更明显，改革对西部省份养老金替代率的影响最大，中部次之，东部最弱。并轨后，企业年金与职业年金的推广力度与覆盖比例存在明显差异，职业年金覆盖率高于企业年金覆盖率，这对于企业职工来说实则产生了新的“隐性双轨制”。整体上并轨改革有利于机关事业单位改善薪酬结构，使得公职人员工资水平升高，与同期企业员工相比提高了缴费基数。

七、主要结论与政策建议

1. 主要结论

实现共同富裕，必须着力解决发展不平衡的问题。而发展不平衡最直接的表现是居民收入差距。通过不断完善收入分配制度、增强社会保障的再分配功能来缩小收入差距，是实现中国新时期经济高质量发展的重要环节，同样也是实现共同富裕的重要抓手。本研究以养老制度并轨为背景，探讨机关事业单位与企业之间养老待遇不平衡问题，运用计量方法，定量分析改革后我国城镇职工养老待遇水平变化，结合问卷分析，可得出如下结论：

第一，养老金并轨采取循序渐进过程，改革效果短期在机关事业单位内部有明显成效。并轨后机关事业单位职工的基本养老金、养老金总收入、养老金替代率与同部门退休“老人”相比分别下降 38.5%、16.6%、9.8%，但与企业职工差距相比分别上升 19.2%、21.2%、8%。这说明虽然短期内机关事业单位员工的养老待遇低于同部门的退休“老人”，但还没有显著改善机关事业单位员工与企业职工的养老待遇差距。养老金并轨实现了公私部门职工共享同一个养老保险制度，但并没有消除两者巨大的保障水平差距。

第二，并轨改革后养老金待遇水平变化存在明显的性别差异与地区差异。机关事业单位女性职工受到改革冲击的影响最明显，并轨后女性职工的养老金收益下降幅度高于男性，性别不平等情况加剧。改革效应受到地区经济发展水平的影响，西部地区对改革的反应更积极，东部地区的改革效应不明显。

第三，职业年金提升公职人员养老待遇作用明显。并轨后，企业年金与职业年金的推广力度与覆盖比例存在明显差异，职业年金覆盖率高于企业年金覆盖率，这对于企业职工来说实则产生了新的“隐性双轨制”，阻碍两部门之间养老待遇差距减小。并轨对机关事业单位员工的工资进行增量改革，整体上有利于机关事业单位改善薪酬结构，使得职员工资水平升高，与同期企业员工相比提高了缴费基数，有利于平滑在职员工与退休人员的代际不平等。

第四，并轨改革的价值目标和政策导向与民众的实际需求相一致，解决城镇职工养老待遇差距难题是未来社会保障领域深化的重点目标。并轨具体实行过程中民众缺少了解与熟悉改革具体措施的渠道，导致政策认同感的流失。

2. 对策建议

上述结论表明，虽然养老金并轨在机关事业单位内部有显著效果，机关事业单位职工的养老保障水平较并轨前有明显下降，但短期内并没有消除与企业之间的养老待遇差距，甚至会因职业年金进一步扩大收入差距。结合研究结果，提出以下针对性建议：

第一，加强政策宣传，畅通政府与公众沟通渠道。扩大政策宣传覆盖面，在提高机关事业单位人员对改革具体措施了解度的基础上，也应向城镇居民宣传改革目的与政策价值，立足提升民众对养老保险制度的信任感与认同感，提高工作积极性与部门人才流通性。融合多种宣传方式加大宣传力度，线下可通过宣讲会、经办机构组织人员定期答疑等方式抚平利益损失群体的不公平感，线上可加强社会舆论引导，对错误解读政策舆论及时澄清，保持政府与社会公众沟通渠道畅通。

第二，统一调整机制，兼顾效率公平。并轨改革的目的是缩小机关事业单位与企业之间的养老待遇差距，但是在不严重损害改革群体的利益前提下。因此改革进程中需避免出现机关事业单位养老待遇内部差距过大的现象，不宜过大拉开“老人”“中人”“新人”之间的养老待遇水平。在兼顾公平与效率的同时，政府应维持机关事业单位基本养老金变动平稳趋势，保持基本养老金常态化调整模式，有利于利益群体积极主动参与调整。

第三，调控年金差距，发展多层次养老保险体系。职业年金与企业年金的“隐性双轨制”不可忽视，两者可适度体现职业特性差异，但不能成为扩大收入差距的源头。政府可通过扩大企业年金覆盖面与宏观调控年金缴费比例来缩小年金差距。除此之外，在稳定养老保险体系第一支柱与第二支柱的收入再分配作用后，可逐步推广与发展商业养老保险，有利于推进高质量社会保障体系建设，减轻政府财政压力。

第四，适度调整机关事业单位女性职工退休年龄。我国已步入老龄化社会，为减轻子代抚养压力，延迟退休年龄举措符合社会发展趋势。但该举措如果全覆盖大幅度执行容易使职工产生抵触情绪，引发社会冲突。因此延迟退休改革可先缩小改革范围、稳步有序推进。并轨改革使得机关事业单位内部的养老待遇存在明显性别差异，女性的养老待遇不如男性，因此适度延迟机关事业单位女性职工退休年龄既可提升女性职工养老保障水平，也可缓解政府财政负担。政府给予女性职工自主选择退休时机的空间，既减轻劳动者的抵触情绪，又保证制度的公平与效率。

第三篇　第三次分配与共同富裕：以慈善捐赠行为为例

推动共同富裕是一项系统、长期且艰巨的工程，要求构建初次分配、再分配和第三次分配体系协调配套的基础性制度安排。第三次分配是共同富裕顶层设计的重要一环。2016 年第十二届全国人大四次会议审议通过了《中华人民共和国慈善法》，为我国慈善事业的发展提供了基本法律依据。2019 年党的十九届四中全会审议通过的《中共中央关于坚持和完善中国特色社会主义制度推进国家治理体系和治理能力现代化若干重大问题的决定》首次明确要求"重视发挥第三次分配作用，发展慈善等社会公益事业"。国家"十四五"规划和 2035 年远景目标纲要中明确提出，要发挥第三次分配作用，发展慈善事业，改善收入和财富分配格局。2021 年中共中央、国务院发布了《关于支持浙江高质量发展建设共同富裕示范区的意见》，其中提出充分发挥第三次分配作用需要"完善有利于慈善组织持续健康发展的体制机制"。党的二十大报告提出"引导、支持有意愿有能力的企业、社会组织和个人积极参与公益慈善事业"，极大拓展了慈善事业的内涵外延，为新时代慈善事业发展奠定坚实基础。

慈善捐赠作为第三次分配主要组成部分，是实现共同富裕的重要推动力量，在赈灾救困、脱贫攻坚、社会安定等方面发挥着重要作用。发挥慈善捐赠的第三次分配作用，是缩小社会贫富差距、推进社会公平的桥梁和纽带，是浙江省推进高质量发展建设共同富裕示范区的重要途径。优化慈善资源配置，促进慈善资源与慈善需求的深度匹配，引导慈善资源向山区海岛倾斜、向低收入人群倾斜，为加快推动山区海岛县实现跨越式高质量发展和助力最广大群众创造美好新生活提供慈善力量支持。相比于其他措施，用慈善捐赠的方式来优化资源配置、调节收入分配，是一种更加温和的非强制性的调解手段。

第九章　慈善事业发展的研究演进和政策借鉴

一、慈善事业研究的发展

慈善捐赠是基于人道主义思想或社会公益思想，自愿、无偿对受助者赠予的行为。“穷则独善其身，达则兼济天下”，“安得广厦千万间，大庇天下寒士俱欢颜”等慈善兼爱思想是中国传统文化的精华。党的十八大以来，我国慈善事业在平衡地区差异、助力精准扶贫、促进乡村振兴、补充社会保障、辅助防控疫情、创新社会治理等方面发挥了积极作用，因此对慈善捐赠主题的文献特征、热点与前沿趋势进行整体研究具有重要意义。基于此，本章以中国知网作为数据源，运用可视化数据分析工具 CiteSpace，以发文量、核心作者、机构、关键词、突现词为主题进行计量分析，总结我国慈善捐赠领域研究热点和前沿，为学者提供参考和借鉴。

1. 研究方法与数据来源

文章的数据来源于中国学术期刊网络出版总库：中国知网（China National Knowledge Infrastructure，CNKI）。采取高级检索的方法，选用“主题”为检索词项，以“慈善捐赠”为主题词展开检索。由于在 CNKI 数据库中以“慈善捐赠”为主题词的文献最早的发表年份为 2003 年，故选取 2003—2022 年为研究时间，选择文献类型为学术期刊，搜索后得到 593 篇文献。为保证文献分析的精准性，在以上检索结果的基础上进行筛选，手动删除人物访谈、广告、文摘、会议综述等不相关文献，最终获取 553 篇文献，将文献以 Refworks 格式导出，并利用 CiteSpace 将 Refworks 格式文档转换成 Web of Science（WOS）数据源导入文献计量分析工具 CiteSpace 中进行可视化分析。对文献作者、作者合作关系、关键词、突现词进行可视化分析，并制作相关知识图谱，辅助分析我国在慈善捐赠研究方面的不足和可拓展的前沿领域。

2. 数据分析结果

（1）发文量时间分析。对2003—2022年慈善捐赠主题文献进行统计发现，慈善捐赠文献呈阶段式上升趋势（图9-1）。根据每个阶段的不同特征可将其分为三个阶段：起步阶段（2003—2008年）、积极探索阶段（2009—2014年）和稳步发展阶段（2015—2022年）。第一个阶段关于慈善捐赠的研究成果较少，研究也较为简单，大多以定性分析为主。2008年汶川大地震后，慈善捐赠更加深入人心，当年慈善捐赠的研究发文量也达到了一个小高峰——24篇。第二个阶段关于慈善捐赠的年发文量逐年缓慢增长，学者们在不断探索中国慈善捐赠事业的未来发展模式和其他国家经验借鉴，并出现了较多实证研究。2013年党的十八届三中全会报告提出要"完善慈善捐助减免税制度，支持慈善事业发挥扶贫济困积极作用"，慈善捐赠也更加受到学者们的关注，当年关于慈善捐赠的研究数量急剧上升达到42篇。第三个阶段：2016年出台的《中华人民共和国慈善法》将慈善事业纳入法制的轨道下运营发展，也推动"小慈善"格局向"大慈善"格局的演变。2020年党的十九届五中全会报告继续提出"发挥第三次分配作用，发展慈善事业，改善收入和财富分配格局"等要求，也为慈善捐赠研究带来新一轮热潮，发文量达到历史最高——56篇。整个稳步发展阶段的慈善捐赠的研究年发文量基本稳定在40篇左右，发文量相比前两个阶段有所提高，研究方向也较为广泛。

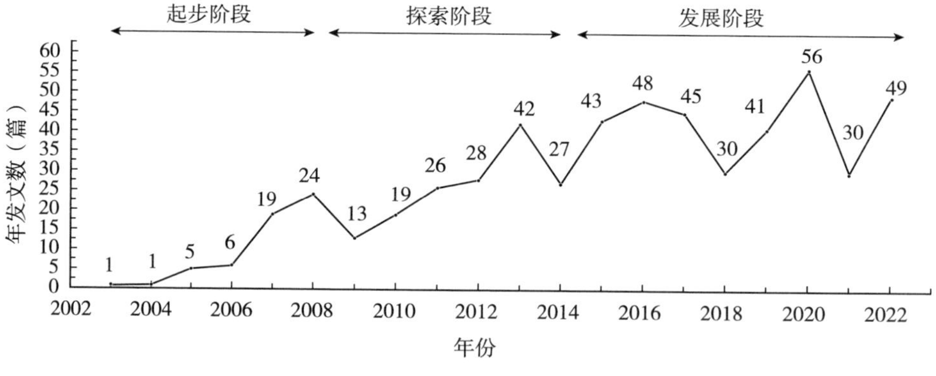

图9-1　2003—2022年慈善捐赠研究发文数量走势

（2）研究热点及演进分析。为直观表现出研究热点，本研究分别做了关键词共现和关键词突现分析，关键词共现体现出目前研究的各个研究方向，关键词突现体现出各个时期的研究热点，以此推测目前及未来的研究趋势。

关键词共现：关键词共现图谱中展示出的高频关键词有慈善捐赠（498）、

企业绩效（26）、企业价值（18）、政治关联（16）、民营企业（16）、税收优惠（14）、融资约束（13）、慈善组织（13）、社会责任（12）、上市公司（11）、慈善事业（10）、共同富裕（5）等。除了慈善捐赠这一宽泛的议题之外，文献中涌现的次数最多的关键词是企业绩效、企业价值、企业责任、融资约束、民营企业和上市公司等，这些是关于企业慈善方面的议题(图 9-2)。

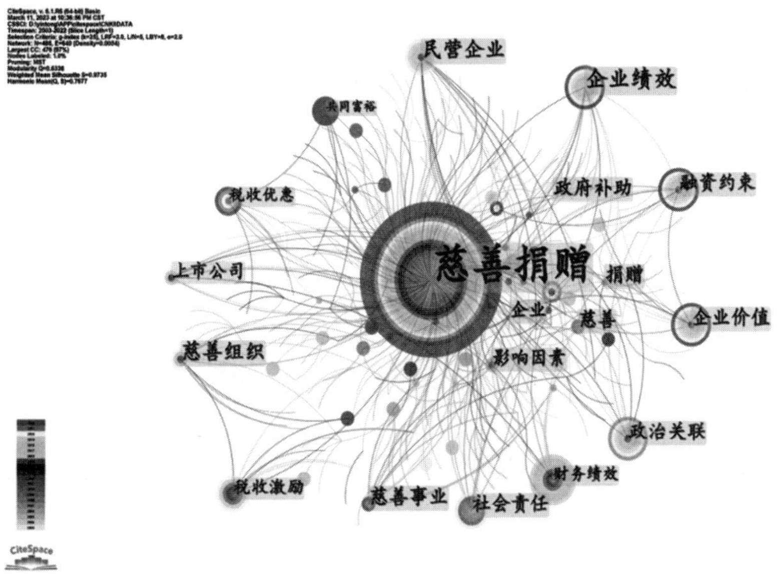

图 9-2　慈善捐赠研究的关键词共现图谱

另外一类研究关键词较为侧重政府层面，注重制度环境和政策研究：慈善事业、慈善组织、税收激励等。江希和学者基于中国和其他国家慈善捐赠税收激励制度的比较论证了我国的税收激励制度缺陷。之后有学者提出学习美国慈善捐赠监督管理制度：信息公开、运作透明，政府监管与公众监督并重的双向度监督，健全的司法监督体系。外部监督与内部治理相整合，能够最大限度地实现慈善组织公益宗旨，保证科学的运作程序。近年来，学者基于实证分析论证了 2008 年企业所得税改革这一变动更促进了企业的慈善捐献，相比于国有企业，这种刺激在非国有企业中更为明显。

研究演进分析：一些关键词之间的相关性较强，对关键词进行聚类处理并绘制出关键词聚类时间图谱，以便观察对于慈善捐献研究的历史热点和时间演进。经过分析处理，得到九个聚类单元：慈善捐赠、企业价值、捐赠、企业绩效、慈善组织、民营企业、公益性捐赠、制度环境和税收优惠。从图 9-3 可知，除了对于慈善组织和公益性捐赠的研究进展表现出一定的停滞以外，其他聚类单元都呈现出较好的延续性，正处于研究发展的繁荣时期。

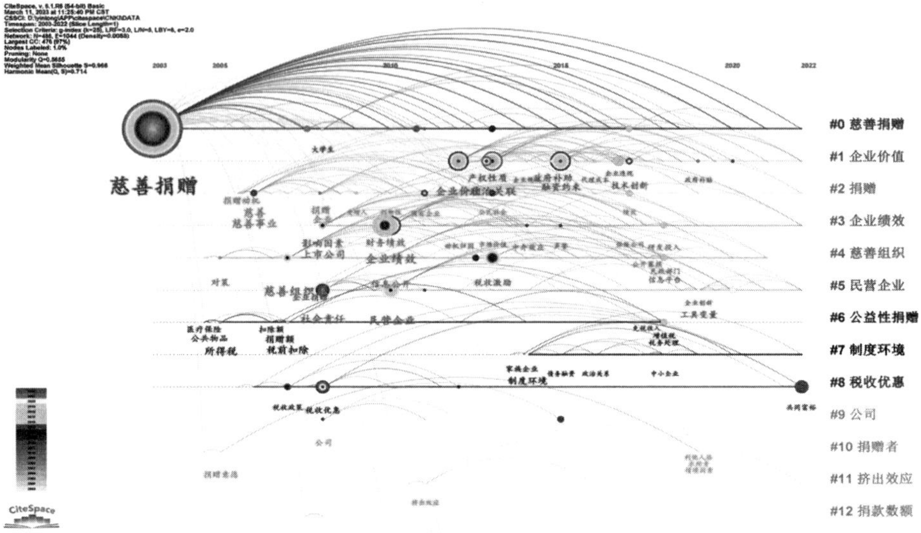

图 9－3　慈善捐赠研究的关键词聚类时间图谱

突现词分析：突现词（burst words）是指一个领域内研究中在短时间内受到较多关注的词汇，能代表对应时期的研究热点。词频的高低及其变动趋势，常被用来识别该研究领域的前沿与热点。突现词在不同时间段出现清晰地显示出研究热点的传承和延续关系。应用 CiteSpace 分析出关于慈善捐赠的 13 个突现词，如图 9－4 所示，可以对该领域研究演进进行简述评价。

在研究初期（2005—2006 年），大部分研究是对慈善捐赠的基础性研究，关注点在于慈善事业和相关对策上，内容也不是十分丰富，被引用数量较多的研究主要是中外慈善捐赠状况的比较研究。结合发文量，慈善捐赠并不是一个一出现就备受学术界关注的研究主题。

在 2008 年，社会责任、企业、捐赠这些关键词横空出世，成为研究热点，并且存续的时间较长。战略性慈善捐赠理论认为：企业的慈善捐赠可以兼容企业与相关利益者利益，企业慈善捐赠应该以一种能增加企业资源和利润的方式来进行。学者们纷纷将目光聚焦于此，这是企业慈善捐赠研究发展的起点。

Keywords	Year	Strength	Begin	End
对策	2005	2.11	2005	2008
慈善	2006	2.76	2006	2011
慈善事业	2006	2.06	2006	2011
社会责任	2008	2.22	2008	2011
捐赠	2008	1.97	2008	2013
企业	2008	1.91	2008	2014
税收激励	2013	4.52	2013	2016
财务绩效	2010	2.77	2014	2019
企业绩效	2010	3.08	2016	2020
研发投入	2018	2.65	2018	2019
工具变量	2019	1.89	2019	2021
税收优惠	2008	2.37	2020	2023
同群效应	2020	2.34	2020	2023

图 9-4　慈善捐赠研究的 13 个突现词

在 2014 年，财务绩效成为研究热点。慈善捐赠与财务绩效之间存在互为因果的关系，但这种关系的成立还取决于企业的政治关联性及所属地区的市场化程度。一些学者使用实证分析的方法逐步开始探索企业的慈善捐赠对企业自身的影响及机制，这对于企业慈善捐赠的研究来说，是一个新的开拓。

近年来，较为热门的研究关键词是工具变量、税收优惠、同群效应和产权性质，工具变量的流行说明了当前实证研究成为研究的主要方式；税收优惠和税收激励在 2013 年就曾出现，现在再一次被学者们挖掘研究；企业慈善捐赠行为存在同群效应，同地区、同行业企业的慈善捐赠行为会显著正向影响企业的慈善捐赠决策；社会学习和社会压力机制是形成企业慈善捐赠行为同群效应的两种主要渠道。总体来说，目前针对慈善捐赠的研究主要聚焦于企业慈善捐赠，基于此，可以判断目前的研究走势为慈善税收激励和企业之间同群效应的研究。

二、发达国家政策经验借鉴

我国慈善事业在改革开放后，得到长足发展，现已取得巨大进步。但是仍然存在一些需要改进的地方。如优惠政策上存在企业捐赠超比例、部分结转年限较短、临时性应急性政策过多以及个人捐赠税前扣除比例较低且无法转结、捐赠途径较狭窄、程序过于复杂烦琐等问题。学习美国、英国、德国、法国这些发达国家的做法并从中汲取经验，对我国慈善事业发展大有裨益。

1. 慈善组织发展政策经验借鉴

美国。美国慈善组织有私人基金会和公共慈善组织两种，私人慈善组织不可在社会上公开募捐。通过实施积极的免税政策来鼓舞全社会的慈善捐赠，对于公共慈善组织和私人基金会采取不同的税收政策。美国慈善有一个鲜明特点：慈善市场化、专业化。例如，美国慈善超市就是美国最早提出并实施的，其主要内容是将市场机制与慈善事业相融合，把盈利资金捐赠给需要帮助的人们，这种筹资方式极具企业色彩，在西方发达国家得到了很好的应用和发展。美国的慈善组织的监督机制兼顾内外，组织内部实施严格的治理监管，还受到政府、行业和社会的外部监督。美国政府设立了联邦、州、地方层次的三级监管机制，由政府、国会和社会公众三方力量共同推动。

英国。英国慈善组织数量庞大，慈善理念形成已久，早在 1601 年颁布的《慈善使用法》，其中就涉及了慈善组织依法享受税收优惠的政策。在这种政策氛围下，英国慈善组织得到极大的发展壮大。英国的法令规定，为保证慈善组织的独立性，慈善组织不可同政府有所关联，也不能从事慈善事业以外的活动。英国慈善组织监督由专设的监管机构——慈善委员会负责，该委员会独立于政府运作，相关政府部门只有知情权。专设监管机构也是英国监督管理的特色：对于年收入低于 5 000 英镑的慈善组织，慈善委员会不会严格审查和监管，只有在接到对该组织的投诉时进行管理；对于年收入 5 000英镑以上的慈善组织，要对其年度报告和财务明细进行监管；最重要的监管对象是年收入1 000 万英镑以上的慈善组织，进行严格监管和不定期访问。

德国。德国的税收优惠政策使得德国民众对慈善事业的热情相对较高。德国慈善组织的基本格局是“宽准入，严监管”。德国能享受税前扣除的公益性捐赠组织主要包括三大类：出于社会公益目的、慈善目的或教会相关目的。德国政府还成立了慈善监督管理机制，以法律为基础，民法典为基本原则，联邦社团法为补充来规范慈善组织活动。一些民间的慈善监督组织会为慈善组织颁发“捐赠勋章”对其进行表彰，通过对其筹集善款的使用情况进行严格审查，建立德国慈善组织的强大民间公信力。同时德国慈善也力求与国际接轨，积极参加国际化救援活动。

法国。法国法律对慈善机构基金会的定义是提供公共福利的公共事业单位。传统基金会的创立需要国家委员会的严格审查和内政部的批准，而且自己的注册号和担保账户必须对公众完全公开透明。设有“社会事务监管机构”的公共部门对慈善资金的使用进行监管，基金会内部结构和管理都要受到严格监管。除了传统基金会，法国也效仿英美的“捐赠基金会”形式，但为了激励私人资本的慈善行为，对于捐赠基金会在各方面的约束相对宽松。但是任何经济行为都要接受法院、慈善研究中心和慈善行业标准委员会三个机构的监督。法国有明确税法明令禁止：禁止任何人员在任何非营利组织中谋取经济利益，也就是说不仅运营过程中不能牟利，甚至在机构解散时成员也只能收回各自捐赠的本金，不能瓜分机构资产。

2. 慈善捐赠税收优惠政策经验借鉴

美国。1917 年美国国会通过的宪法修正案规定：慈善捐赠款物可以最高享受到 15%的所得税扣除优惠。美国现行的各种政策都源于这项规定。具体的现行的扣除制度如下：个人向慈善组织的捐赠根据慈善组织的性质扣除比例有所差异，向公共慈善组织可扣除 50%，向私人基金会捐赠可扣除 30%，向其他的特定免税组织捐赠则为个人捐赠基数的 20%。企业直接捐赠可扣除企业应纳税额的 10%，超过部分不予转结，间接捐赠的扣除比例与直接捐赠相同，但是可以在之后 5 年内转结。慈善捐赠税收扣除所需要满足的条件是：向符合条件的慈善组织捐赠、捐赠的对象具有不确定性和捐赠者在填写纳税申报表时出具有效凭证。美国联邦税法还对各种慈善捐赠场景进行详细的规定，其中规定如果捐赠者捐赠过程中获取了实质性利益，在扣除时应将这部分减去。若捐赠物是有形资产且没有被慈善组织使用，也会导致捐赠者税前扣除量减少。此外，美国个人所得税发挥与遗产税相配合、极大地激发个人捐赠热情的作用。

英国。英国有一个独特的捐赠形式“赠与援助（Gift Aid）”，捐赠者在捐款后，接受捐赠的税务部门和捐赠者可以要求获得捐赠人已缴纳的部分税款退还。对于捐赠者的要求并不苛刻，甚至可以不是英国居民，只要捐赠者在捐赠的年度向英国政府缴纳了税款并且不少于赠与援助所返还量，向税务机关提供受捐赠慈善机构做出的“赠与援助”声明，且以货币形式进行捐赠，都可以获得税款返还。这种方式经过长期发展和完善研究成为英国慈善的重要收入来源。对于非货币资产捐赠也有相应的政策，现行的英国慈善捐赠政策中规定个人和公司捐赠股票、证券等非货币资产也可申请所得税减免，这一政策后来还拓展到土地或房屋资产的捐赠。英国慈善政策还突破了“慈善等于无偿”的固定思维，规定慈善的利益回报价值不超过限定额度的情况下，仍然可以按照赠与援助的规定获得税收优惠。

德国。根据德国《税收通则》第 52 至 54 条规定，符合税收优惠资格的企业进行公益捐赠后，可以进行限额扣除。如果企业捐赠的目的是发展宗教、教会，促进慈善事业发展或者进行其他受德国政府鼓励支持且有利于社会的活动，那么该企业税前扣除的最高比例是应纳税额的 5%或者全部营业额的 2%。如果企业捐赠是为发展科学、艺术、慈善事业，企业的税前扣除比例可以提升至 10%。如果公司的捐赠额超过了可获得税前扣除额，那么超出的额度可以摊销，可以回溯 1 年并分别延长至此后 5 年或 6 年。个人对一般慈善机构进行的慈善捐赠，纳税人个人可以在当年度应纳税所得额的 20%，或者其全年收入总额（营业额＋工资＋薪金）的 0.4%两个限额之间进行选择扣除，超过部分可以转结到以后年度进行扣除。

法国。在法国，慈善组织和慈善基金会可以获得税收减免，包括公司收入税、商业利润税等一些商业税，特别多从事有关医药医疗、服务残疾人产品的还可以减免增值税。除去企业基金会，其他基金会向非政府机关进行慈善捐赠可以获得税收优惠，法人捐赠享受最高当年年收入 0.5%的免税额度。个人慈善捐赠可以获得每次捐赠金额 66%的免税额，甚至有些捐赠项目减税额度达到 75%。但个人捐赠获得减免的总值有上限，每人每年可享受的减免总值不能超过应税收入的 20%，如有超出，可以累计未来 5 年转结。为了杜绝慈善激励的政策被利用变成偷税避税的工具，每个慈善机构在收到捐赠款项时向捐赠人提供正式的捐赠证明，写明税法细则要求的信息，捐赠方在提出减免要求时，必须出示此项证明的原件。

3. 发达国家的慈善事业发展对我国的启示

从美国、英国、德国、法国这些发达国家慈善事业发展的经验可以看出，慈善组织和税收优惠政策是慈善事业发展不可或缺的推动力量。将政府引导与民间力量相结合，明确政府在慈善事业中的定位，通过合理的税收激励政策，激发慈善活力，调动社会慈善积极性。

第一，强化对公益组织和捐赠企业的监管力度。税收杠杆理论是指国家利用税收政策，来引导纳税人参与国家规划的一系列经济活动，弥补市场机制的缺陷。当国家给予捐赠者税收优惠政策时，国家的财政收入也就减少了，但是相应地，更多的人被激励进行慈善捐赠使得国家需要对公益事业的支出也减少，总体上增加了社会效益，实现资源的更优配置。为保证这些慈善捐赠真正落实到需要的地方，就必须加大对捐赠人和被捐赠组织的监管力度。一方面可以防止税收优惠被恶意捐赠人滥用，另一方面可以防范捐赠人与被捐赠者为了避税而相互勾结。在之后的政策改革中，可以考虑汇报与审查机制，要求每年向税务部门提交年度工作报告，接受资格审查，并且将审查最终结果向公众公示，形成一种政府监督、慈善组织自我监督和公众监督三合一的监督模式。

第二，适当延长税前扣除的结转年限。根据《中华人民共和国企业所得税法》的规定，对于企业慈善捐赠扣除有三年的结转时间。如果进行慈善捐赠的企业三年内并没有保持盈利，或盈利总额少于慈善税收扣除，那么将不能享受完整的税收政策优惠，其中有很大不确定性。可以适当考虑延长结转年限来改善这种情况，以调动企业捐赠热情。同样的对于个人捐赠也可加入结转的政策，对于大额捐赠可以适当延长结转年限，从而增强对个人捐赠的激励效果，提高个人捐赠在总捐赠额中的比重。提高社会慈善参与度能养成全社会乐善好施的风气，促进我国慈善事业可持续性发展，作为源源不断的动力推动共同富裕进程。

第三，整合税收优惠政策并完善慈善法及其配套制度。在《中华人民共和国慈善法》出台之前，对于公益捐赠的政策条例都比较混乱，也只允许少数组织进行募捐活动。在疫情防控期间，国家也相应推出了针对新冠疫情防控的相关扣除等临时政策。

目前所得税法对慈善组织的规定与慈善法的规定仍有差异，且其内部的基础口径有所不同。《中华人民共和国企业所得税法》是 2007 年出台的法令，它规定较小的慈善范围。2018 年修订的《中华人民共和国个人所得税法》已经立足于“大慈善”格局。应进一步统一所得税法的相关规定，并统一向《中华人民共和国慈善法》看齐。应将这些针对慈善税前扣除的一系列政策以及临时政策进行汇总，形成具有权威性的汇编，以便相关工作人员和捐款人了解与掌握，提高捐赠效率。

第四，适时考虑遗产税的征缴。在发达国家，除了对捐赠者实行积极的税收激励政策来鼓励社会成员进行慈善捐赠，还设有遗产税和赠与税，实行超额累进税率，来抑制贫富差距的加大。这种“疏堵结合”的税收政策十分有利于鼓励社会中较富裕者参与到慈善事业中来。我国现已完成了全面小康的目标，历史性地解决了贫困问题，但基尼系数居高不下。我国已实现了“部分人先富起来”的阶段性成果，应着眼于“先富带动后富”的进程。开征遗产税是对收入分配制度的完善，既能培养公民的社会集体意识，又能培养其勤奋自立的精神。同时吸引更多有余力者投入慈善事业，促进全国公益事业的发展。

第十章　慈善捐赠行为的影响因素和收入再分配效应

浙江省作为全国首个共同富裕示范区，为浙江慈善事业发展带来了绝佳的历史机遇。自党的十八大以来，在浙江省委省政府的坚强领导下，浙江省慈善事业、社会工作、志愿服务空前发展，慈善事业快速发展，慈善政策逐步完善，慈善组织的系统化建设网络逐步形成，突发事件应急能力也不断提高，各类慈善项目的影响力日益扩大，“现代大慈善”格局已初步形成。

一、浙江省慈善事业基本现状分析

1. 十年来，慈善事业更有体量

据浙江省民政厅报告，截至 2022 年 12 月底，浙江省社会组织（登记在册）73 356 家，其中社团 26 649 家，民办非企业单位 45 656 家，基金会 1 051 家。全省慈善组织数（经民政部门登记和慈善认定）为 1 568 家，居全国第 2 位，其中社会团体 216 家，民办非企业单位 421 家，基金会 931 家。全省已建成 101 个慈善基地，实现了市、县全覆盖，并率先建立了省级互联网慈善基地。全省慈善信托备案多达 197 单，资金规模 11.93 亿元，备案数量和金额均居全国第一。注册志愿者有 1 822 万人，志愿服务组织 2 160 个[①]。

2. 十年来，慈善捐款更具规模

省政府和慈善组织在长期探索中找到了适合浙江省的慈善募捐形式。其中，最典型的是以企业为主体的“冠名留本增值捐[②]”和以个人为主体的“慈

① 袁彦鹏、楼喻刚、钱晨波，《2022—2023 年浙江慈善事业发展状况评估与分析》，《2023 年浙江蓝皮书：2023 年浙江发展报告（社会卷）》。

② 通过与企业联系，动员有捐赠意愿和条件的企业以企业或企业家的名义设立慈善基金，使慈善基金成为企业承担社会责任的一种具体方式，激发了企业参与慈善的热情，挖掘了企业的慈善潜力。

善一日捐[①]”。据《公益时报》对全国慈善捐赠的统计，民营企业捐赠占全国慈善捐赠总额的比例从2012年的50%以上提高到近年来的近80%。2019年，上榜的365家民营企业共捐赠96.331 2亿元，占捐赠总额的77.65%。2021年9月，全省上下联合开展的“慈善一日捐”活动累计募集善款3.2亿元。与此同时，“互联网+慈善”是新时代慈善的创新方式，无论互联网筹款还是互联网志愿服务征集浙江省都走在全国前列。浙江省先后推出了在全国影响力较大的互联网公益平台，其中包括“阿里巴巴公益”“志愿汇”“亲青筹”“善园”等。浙江省青少年发展基金会的“亲青筹”在上线的两年内发布项目数达到591个，筹集善款共计2 282万元。

3. 十年来，社会工作更有质量

浙江早就构建了完整的省、市、县三级社会工作行业协会体系，目前社工行业已形成较为成熟的四梁八柱体系。全省共有2 194家社会工作机构，其中13家进入全国社会工作机构百强行列，15家社工机构参与东西部社会工作服务机构“牵手计划”，助力脱贫攻坚，24家社工机构参与省内“牵手”同行，助力共同富裕示范区打造。2022年全省全国社会工作者职业水平考试报名人数达17.06万人，连续3年位居全国第一，持证社会工作者人数从2012年的7 250人发展为11.3万人，位居全国第二。社工站建设推进迅速，乡镇（街道）社工站累计建成1 187个，覆盖率达87%。

4. 十年来，志愿服务更有流量

浙江省、市、县三级民政部门积极履行志愿服务行政管理职责，加强志愿服务组织身份标识和队伍管理，推广社区志愿服务站点建设，志愿服务更加便捷化、普及化、生活化。浙江还实现了志愿者专项保险全覆盖，形成了志愿者岗前培训、物资供给、安全保障的完整链条。截至2022年6月底，全省注册志愿者已超过1 803万人，依法登记的志愿服务组织1 403个，城乡综合服务设施设立志愿服务站点2.48万个，志愿者和志愿服务组织活跃在城乡建设各个领域，人人慈善的各类载体用户人均公益时长已超过6小时。

5. 十年来，依法治善更有依靠

慈善事业要想长足发展，离不开政策导向和法律保障。在2016年国家颁布《中华人民共和国慈善法》后，浙江省先行先试，相继出台了一系列“横向

① 公众在每年固定时间将自己一天的收入或单位一天的利润额捐赠给慈善机构，有利于最大限度地调动。

配套”政策，如《浙江省实施〈中华人民共和国慈善法〉办法》《关于加快推进慈善事业高质量发展的实施意见》《关于推动信托公司大力发展慈善信托业务的通知》《关于发挥慈善作用　推进共同富裕先行的若干意见》《浙江省慈善事业引导资金管理办法（试行）》，将浙江省的省情与国家法律法规相结合，落实地方政策，这无疑为浙江省未来慈善事业的发展提供了强有力的政策保障。

6. 十年来，数字慈善更加完善

随着政府数字化转型持续推进和互联网大省的技术溢出，数字慈善已经成为浙江慈善的金名片。浙江将共同富裕改革与数字化改革相融合，积极打造集数据计算分析、知识集成应用、逻辑推理能力于一体的慈善大脑，推动了一系列慈善参与场景落地实施。如创建了“浙里康养”“浙里有善”“浙里众扶”“浙里护苗”“浙里捐赠”等数字应用，旨在通过大数据分析技术实现公益数据共享、制度重构、流程再造、系统重塑，实现数字慈善的整体性治理。此外，还打造了一批全民参与、便捷慈善的“指尖公益”“支付宝公益”“善园网”“亲青筹”等网络筹款平台，显著提升了公益慈善的可及性、便利性和趣味性①。例如：某公益平台的爱心里程，用户可以将自己的打车数据转化为公益参与资源（爱心里程值）；还有一些行为公益互动产品，通过行走捐、收益捐、消费捐等产品，鼓励和号召更多公众参与公益；某平台“益起来—行为捐”用户可以将每天通过计步工具累计的行走步数进行捐赠兑换，由卖家为步数进行配捐，支持国内的优秀公益项目②。

7. 十年来，慈善人才更加专业

公益慈善事业的规范化、职业化和专业化水平与慈善人才的培养密切相关，大力培养慈善人才可以助力公益慈善事业持续发展。慈善学历教育正式启航，浙江工商大学英贤慈善学院、浙大宁波理工学院益立方公益学院等高校平台将成为慈善人才培养、学术研究和智库建设的高地。全省各地特别是直接面向基层的适用人才多点开花，成为浙江慈善专业化提升的缩影。由浙江妇女儿童基金会举办“她创业计划赋能项目”“向善龙游助跑计划”等人才培养项目，打造县城社会组织赋能样本。浙江省社会组织领军人物研修班、浙江省慈善骨

---

① 袁彦鹏、楼喻刚、钱晨波，《2022—2023 年浙江慈善事业发展状况评估与分析》，《2023 年浙江蓝皮书：2023 年浙江发展报告（社会卷）》。

② 中国慈善联合会、北京七悦社会公益服务中心，《2023 中国数字慈善发展报告》，2023 年。

干人才培训班尽聚全省行业翘楚，形成跨区域公益慈善人才交流网络，浙江慈善人才培养成为全国慈善教育领域的生力军①。

8. 十年来，慈善文化更具影响

基于浙商“义利并重、工商皆本”的文化基因，浙商在慈善活动中表现出一种开拓创新又务实的精神，为浙江慈善文化形成与发展奠定坚实基础，人人慈善助力共同富裕的参与机制基本形成。民国到现代以来涌现出一大批浙江籍的慈善家群体，如民国时期的著名浙商朱葆三、虞洽卿、盛竹书、周金箴、秦润卿、方椒伯、袁履登等。现代以来捐巨资助学的“世界船王”包玉刚、“影视大王”邵逸夫等都是浙商慈善名人。当然慈善也并非企业家的专属。宁波爱心人士“顺其自然”，乡村医生“兰小草”，还有许多活跃在捐资助困的普通人。他们也在浙江省的慈善文化中留下浓墨重彩的一笔，诠释了“人人慈善”的现代慈善理念。“2022年第八届中华慈善文化节”在杭州举行，多角度、全方位向海内外阐释何为“慈孝”。浙江微笑明天慈善基金会的“悦耳行动”公益项目荣获中华慈孝人物团体奖，浙江慈善文化品牌影响力向全国拓展。全省各地掀起“慈善文化进机关”“慈善文化进农村、进社区”“慈善文化进企业”“慈善文化进家庭”等活动，并面向全省中小学推动“慈善文化教育从娃娃抓起”，在全社会营造处处有善、人人可为的慈善文化。

二、企业和个人慈善捐赠行为的影响因素

党的二十大报告指出：“引导、支持有意愿有能力的企业、社会组织和个人积极参与公益慈善事业。”以捐赠的形式参与并支持慈善事业，已成为财富人群和责任企业的共同选择，也是更好发挥慈善在第三次分配中作用的重要途径。英国慈善救助基金会（CAF）近期公布的2022年世界捐助指数（World Giving Index）中，中国从第140位升至第49位。2023年第二十届中国慈善家榜显示，上榜慈善家共150位（对），合计捐赠约80亿元；上榜慈善企业共1 363家，合计捐赠200多亿元，上榜慈善企业数量连续三年超过1 000家②。2023年11月8日胡润研究院发布的“2023胡润慈善榜单”显示，中国“亿级慈善家”达34人，共计捐赠约191亿元。20年来，中国慈善榜收录的慈善家

① 袁彦鹏、楼喻刚、钱晨波，《2022—2023年浙江慈善事业发展状况评估与分析》，《2023年浙江蓝皮书：2023年浙江发展报告（社会卷）》。

② 《第二十届（2023）中国慈善榜发布》，《工人日报》客户端，2023-05-19。

捐赠累计达 1 108 亿多元，收录的慈善企业捐赠累计达 1 909 亿多元，两项合计 3 017 亿多元。

下面我们来关注一下企业和个人慈善捐赠行为的影响因素：

1. 企业慈善捐赠行为的影响因素

企业在进行慈善捐赠时要受到各种因素的影响，这些因素影响和决定着企业捐赠行为的发生及捐赠的数额的大小。影响企业捐赠的因素主要是：①规模大小。一般而言，企业规模与捐赠行为存在正相关关系，规模越大，捐赠数额越多。企业捐赠行为与企业的规模大小之间存在 U 形关系，即规模较小和规模大的公司其捐赠行为的意愿更加强烈，而中等规模企业的捐赠行为较少。这是因为规模小的企业受社会压力影响较大，因而会通过慈善捐赠来维持关系；规模较大的企业有更多的资本和社会责任感，因而更容易产生捐赠行为。②企业业绩。企业业绩是影响企业慈善捐赠行为的重要因素，因为企业的业绩决定了企业可以支配的剩余财力。企业业绩与慈善捐赠行为之间存在正相关关系，业绩越好的企业，企业捐赠行为更可能发生，捐赠的数量也越大。③发展周期。每个企业都有自己的发展周期，不同阶段慈善捐赠行为也不同。当企业处于初始阶段时，参与捐赠的积极性不高，此阶段企业资金主要用于发展，没有太多的财力用来捐赠。当企业处于发展阶段时，企业资金大多用于扩大和发展生产规模，参与慈善捐赠意愿同样会受到影响。而当企业处于成熟阶段时，企业已具备一定的经济实力，企业为了提高自己的声誉，就会加大对慈善捐赠的投入。④税收优惠政策。依据国家政策，企业慈善捐赠可以减轻税额，所以政府所实施的相关税收政策也会对企业的捐赠行为产生影响。国家为了鼓励企业慈善捐赠，可能会设置各种税收优惠政策，使得企业的捐赠不仅作为企业的成本扣除，而且还可以作为计税的扣除额。为了实现其利润的最大化，企业就会根据国家税收政策变化来调整相应的捐赠支出。⑤政商关系。政府对经济的干预，可能会造成对企业负担的增加，影响企业的捐赠行为。而与政府保持一种良好的关系可以减轻企业的负担，相应的慈善捐赠行为也会增加。企业增加捐赠支出，承担社会责任，也会为政府减轻社会公共压力。因此，企业与政府是否保持良好和谐的关系也会影响企业的慈善捐赠行为。

2. 个人慈善捐赠行为的影响因素

个人在进行慈善捐赠时也要受到各种因素的影响，这些因素影响和决定着个人捐赠行为的发生及捐赠的数额的大小。影响个人捐赠的因素主要分为以下五个方面：①经济因素。慈善捐赠额与居民收入水平密切相关，只有当人们的收入水平提高了，经济状况好了，可支配收入增加，在满足自身的消费后，才会有足够的财力进行慈善捐赠。因此，区域经济发展状况直接决定了该区域个人慈善捐赠额的大小和慈善事业的发展水平。②社会因素。社会上影响慈善事业发展和慈善捐赠的各种因素，包括社会制度、国家政策和法律法规等。在这些因素中，国家政策对个人的捐赠行为影响作用是最重大的。③文化因素。慈善文化[①]也是影响个人捐赠行为的重要因素，是慈善事业发展的内在推动力。④组织因素。在现代慈善事业中，慈善组织在慈善捐赠中扮演的角色越来越重要。慈善组织是联系捐赠者和被捐赠者的桥梁，能动员社会各界力量参与慈善捐赠，并对慈善资源进行合理配置，因此慈善组织的机构建设、管理制度、运营效率、信息透明度、公信力等毫无疑问都直接影响着人们的捐赠意愿和捐赠行为。⑤捐赠收益。根据捐赠者偏好，捐赠收益可以分为：内心收益、声誉收益和纯社会收益等。偏好不同，各种收益预期对于不同捐赠人的影响权重不同。例如，中低收入群体在较强的收入约束条件下进行捐赠行为，主要是基于纯社会收益的考虑。高收入群体则更加会关注社会收益和声誉收益，如他人认同、社会赞誉等。此外，一些宗教人士、公益人士等可能更关注内心收益。

3. 慈善捐赠行为的主要问题

长期以来，中国在“世界捐助指数”榜单中的排名不尽如人意，一直徘徊在 140 位左右，主要原因如下：

首先，中国的慈善文化、慈善意识相对落后。与初次分配、再分配不同，第三次分配主要依靠“内在文化”驱动，欧美国家有基督教“罪富文化”基因，民众捐赠热情较高。而中国慈善文化虽由来已久，个人捐赠的占比却是十分低的。中国公民慈善捐赠意识淡薄的原因有以下几个：

第一，受到费孝通提出的“差序格局”人际关系影响，中国人的爱心程度从亲人、熟人到陌生人是逐渐递减的，而对陌生人并不习惯施以同样的善意。这与现代的慈善观念不相适配，难以让国人形成向陌生人进行捐助的慈善观念。

第二，中国传统的财产观念讲究子承父业，按照血缘继承财产，并且中国没有推行遗产税，无法充分调动富人的慈善积极性，无法达到调整财富分配格

① 慈善文化是人们在长期参与慈善活动的过程中形成的思想价值观念和行为规范的总和。

局的效果。而西方国家更鼓励个人奋斗创造财富，有很多富豪并不把财富留给儿女，而是捐赠给慈善机构。

第三，青少年慈善意识培养的制度缺失。欧美国家的中小学毕业甚至高等院校录取时都会有参考学生慈善捐赠和志愿工作的要求。而中国仅限于精神鼓励公益慈善，缺乏有力的制度设计，导致对青少年慈善精神教育的缺失。

其次，政府组织的慈善组织公信力不足。虽然近年来慈善组织发展态势喜人，但仍然存在不少问题，其中最为突出的是政府组织的慈善组织公信力不足。近些年来慈善组织接连爆出丑闻，其中涉及挪用善款、慈善贪污等，使公众对慈善组织信任感缺失。另外，一些欠发达地区的基层慈善组织资源集聚能力不够，慈善信托的动能仍未充分挖掘。

最后，慈善捐赠的激励政策不充分。西方发达国家经常在采取激励性的慈善捐赠税收优惠政策的同时，采用高额累进的遗产税对捐赠产生“倒逼”效应。而我国慈善捐赠税收激励政策还有改进空间，且由于我国一直没有征收遗产税和赠与税，没有像西方发达国家那样对捐赠形成“倒逼”效应。国家财税部门和民政部确认的 2021 年度符合公益捐赠税前扣除条件的公益性社会组织仅有 186 家，相较于 90.1 万个慈善组织的庞大基数，拥有资格的组织占全部组织的比例非常低（表 10－1）。

表 10－1　我国慈善组织数目和具备税前扣除资格的慈善组织数量对比

年份	慈善组织数量（万个）	具备税前扣除资格的慈善组织数量（个）	具备税前扣除资格的慈善组织占比（%）
2010	44.6	104	0.023 3
2011	46.2	120	0.026 0
2012	49.9	157	0.031 5
2013	54.7	170	0.031 1
2014	60.6	186	0.020 7
2015	66.2	200	0.030 2
2016	70.2	179	0.025 5
2017	76.2	177	0.023 2
2018	81.6	185	0.022 7

（续）

年份	慈善组织数量（万个）	具备税前扣除资格的慈善组织数量（个）	具备税前扣除资格的慈善组织占比（%）
2019	86.7	196	0.022 6
2020	89.4	186	0.020 8
2021	90.1	186	0.020 6

资料来源：《中国慈善发展报告》和税务局《公益性社会组织捐赠税前扣除名单公告》。

三、慈善捐赠行为的收入再分配效应

1. 模型构建

慈善捐赠行为收入再分配的效应可以通过城乡收入差距变化来体现，因此为研究慈善捐赠行为的收入再分配效应，我们构建了如下计量经济学模型

$$URR_t = \beta_0 + \beta_1 CW_{ti} + \beta_2 WL_{ti} + \beta_3 Control_t + \varepsilon_t \qquad (10-1)$$

模型中，指标 t 代表年份时间，URR_t 代表城乡收入差距，为被解释变量，CW_{ti} 和 WL_{ti} 为解释变量，i 表示解释变量的其中一个衡量指标，$Control_t$ 代表城乡收入差距变化的一系列控制变量，β_3 表示选取的控制变量的系数，ε_t 代表随机扰动项。

2. 变量选取

本研究选取城乡收入差距（URR）为解释变量，来衡量调节居民收入分配的效果。其中，城乡收入差距用城镇居民人均可支配收入和农村居民人均可支配收入的比值来衡量。该数据来源于国家统计局和历年《中国统计年鉴》。

被解释变量是慈善事业，主要利用接受社会捐赠款（CW_1）来衡量，并应用经常性社会捐助工作站（CW_2）作为替代性变量进行稳健性分析。数据主要来源于中国非营利组织数据库与 EPS 数据库等数据库。

鉴于影响城乡收入差距的因素很多，借鉴已有的研究，本研究选择了以下指标作为控制变量：①地区人均 GDP（$RGDP$）是了解和把握一个地区的宏观经济运行状况的有效工具，常作为发展经济学中衡量经济发展状况的指标。②城镇化率（URB）通常用市人口和镇驻地聚集区人口占全部人口（人口数据均用常住人口而非户籍人口）的百分比来表示，用于反映人口向城市聚集的过程和聚集程度，是影响居民收入差距的重要因素之一。③市场化水平（MAR）可以体现一个地区的经济发展状况，市场化水平越高，说明一个地区

的经济发展水平越优异。④进出口额占 GDP 的比重（IE），即对外开放水平。鉴于区域间的对外贸易发达程度和对外开放水平关系密切，因此对外开放程度用进出口总值占地区生产总值比重来替代。上述控制变量数据来源于国家统计局、EPS 数据库、中国社会组织网等。

3. 实证结果分析

由于数据统计的可取性和真实性，本研究共选取了 2005 年到 2019 年的全国慈善事业所表征的第三次分配数据。为避免出现异方差和波动幅度较大的问题，文章对部分原始数据进行对数处理，缺失的数据均用插值法处理，主要变量的统计性描述特征如表 10－2 所示。

表 10－2　描述性统计

变量	最小值	最大值	平均值	标准差
城乡收入差距	2.64	3.33	3.029 4	0.262 8
接受社会捐赠款	1.28	2.96	2.439 4	0.562 7
经常性社会捐助工作站	0.08	0.58	0.452 2	0.136 5
地区人均 GDP	−0.025	0.851	0.465 6	0.281 7
城镇化率	0.39	0.61	0.502 2	0.068 5
市场化水平	0.686	0.916	0.840 7	0.062 1
对外开放水平	0.32	0.56	0.452 2	0.084 5

通过 Stata 统计软件进行回归后，得出的回归结果如表 10－3 所示。其中，模型 1 和模型 2 分别表示了采用不同的衡量指标作为解释变量进行回归所得的结果。

表 10－3　回归结果

变量	模型 1	模型 2
CW_1	−0.341** (−2.96)	
CW_2		−1.256*** (−2.98)
$RGDP$	2.696* (5.98)	1.782** (4.91)
URB	−0.145** (−4.12)	−1.315* (−2.39)

（续）

变量	模型 1	模型 2
MAR	4.002*	2.254*
	(5.80)	(5.46)
IE	1.706*	1.268
	(4.21)	(3.35)
调整 R^2	0.422 8	0.496 5

注：括号内的数值为相对应系数的 t 统计量，*、** 和 *** 分别表示该系数在 10%、5%和 1%的显著性水平下的统计显著性。

通过表 10-3 可以看到，对于接受社会捐赠款这一解释变量，其系数为 −0.341，在 5%的显著水平下显著为负。同样，对于经常性社会捐助工作站（点）解释变量，系数值为−1.256，在 1%的显著水平下显著为负，这表明第三次分配显著降低了城乡居民之间的收入差距。这也一定程度上表明了实证结果的稳健性。

另外，各衡量指标的系数大小是有区别的，从结果中可以看出，经常性社会捐助工作站（点）的系数值显著大于接受社会捐赠款的系数值。当然，以上变量的作用力会随着城乡居民人均可支配收入等外部环境的变化而发生变化。但就目前的经济社会发展形势而言，相对于接受社会捐赠款来说，经常性社会捐助工作站（点）对于缩小城乡收入差距、调节居民收入分配的作用还是比较大的。

4. 主要结论

本研究主要运用 2005 年至 2019 年全国慈善事业所表征的第三次分配的数据，实证分析其对城乡收入差距的影响。通过研究分析可知，社会捐款、经常性社会捐助站等全国层面的慈善捐赠在为城乡收入缩小差距方面有着重要作用，即第三次分配对于缩小城乡收入差距的作用是较为显著的。同时，社会捐款、经常性社会捐助站对于缩小城乡收入差距发挥的作用是不同的，其中经常性社会捐助工作站（点）有着显著的正向影响。即慈善事业对于缩小城乡收入差距有很重要的作用，有利于经济健康稳定发展，也有利于构建和谐美好的社会。同样，浙江省慈善事业的发展在调节居民收入分配方面也发挥了重要的作用。

四、促进第三次分配良性发展的对策建议

第三次分配是以社会道德为驱动力的“自调节”机制，相比于市场“无形

的手”和政府“有形的手”，第三次分配是调节收入分配的“温柔的手”，需要从以下方面努力完善第三次分配体系，扎实推进共同富裕。

第一，完善第三次分配制度体系。为更好地发挥第三次分配的作用，政府要完善第三次分配制度体系，修订与完善第三次分配相关的法律法规，鼓励更多的企业和个人参与到第三次分配中。在肯定第三次分配作用的同时，要认识到第三次分配仅仅是有限的补充。政府应通过税收政策和技术引进政策倾斜，引导资源和技术向低收入地区和群体流动，支持弱势群体的创业就业，缩小群体和区域间差距，促进初次分配和再分配更加公平，更好地促进共同富裕目标的实现。

第二，积极培育慈善组织机构。我国慈善组织数量虽然快速增加，但规模相对于庞大的人口基数来说依然较小。政府应当降低慈善组织准入门槛，通过政策帮扶培育孵化慈善组织。深化慈善组织去行政化改革，让慈善组织回归民间性这一本质属性。改革的根本方法是给予官办和非官办慈善组织或机构平等的待遇，行政管理上的放松和监督管理的严格并重，在登记注册双重管制到行政管理都要适时“松绑”，扭转慈善政府化的局面。同时，实行开放式的监督模式，在实现政府和慈善组织管办分离的基础上，加强监督和约束。最为关键的是推进慈善信息透明化监管，建立明确、透明、规范的慈善组织财务管理制度和善款使用公示制度，以及慈善行业内的淘汰机制。以数字化改革为牵引，以互联网、云计算、大数据、区块链、人工智能等新一代信息技术为支撑，探索推进慈善网络化、数字化、智慧化，让慈善管理更智能、慈善服务更智慧，为政府监管和政策支持提供精确信息，为求助对象和社会弱势群体提供精准帮扶，促进慈善资源配置精准高效。

第三，健全慈善法律法规体系。在第三次分配较为发达的国家，“一疏两堵[①]”的政策起到了良好效果。在我国现有的法律法规下，应规范和优化企业具体税收减免的申请流程、捐赠流程以及细化具体优惠方式，完善实物捐赠相关的政策规定，来激发企业捐赠的活力。税收优惠应综合考虑国家财政承受能力和捐赠主体的税收负担。在不宜进一步提高税收优惠额度的情况下，尽量允许并延长税收优惠额度的跨年度结转，最大限度调动捐赠积极性。国外经验表明，当国家经济发展到一定阶段，实施遗产税和赠与税，可以很大程度促进慈

① “一疏”是国家提出的对企业捐赠以及个人捐赠采取优厚的税收减免政策，鼓励全社会参与慈善捐赠活动。“两堵”是采取高额的遗产税和赠与税来限制资产转移，对慈善捐赠产生“倒逼”效应。

善捐献、抑制贫富差距加大。我国现已完成了全面小康的目标，历史性地解决了贫困问题，但基尼系数居高不下。开征遗产税是对收入分配制度的完善，既能培养公民的社会集体意识，又能培养其勤奋自立的精神。同时吸引更多有余力者投入慈善事业，促进全国公益事业的发展。

第四，加大公益慈善的监管力度。税收杠杆理论是指国家利用税收政策，来引导纳税人参与国家规划的一系列经济活动，弥补市场机制的缺陷。当国家给予捐赠者税收优惠政策时，国家的财政收入也就减少了，但是相应地，更多的人被激励进行慈善捐赠使得国家需要对公益事业的支出也减少，总体上增加了社会效益，实现资源的更优配置。为保证这些慈善捐赠真正落实到了需要的地方，就必须加大对捐赠人和被捐赠组织的监管力度。借鉴国外发达国家对于公益组织的监管政策，政府应要求享受税收优惠的公益组织每年上报自己的年末账目综述，定期对享受税收优惠的公益组织进行评估。一旦发现资质条件不合格的组织，将立即撤除税收优惠资格。这种严格的监管模式，一方面可以防止税收优惠被恶意捐赠人滥用，另一方面可以防范捐赠人与被捐赠者为了避税而相互勾结。

第五，着力加强慈善人才队伍建设。鼓励和支持高等院校、职业院校开设慈善管理相关专业和项目，加快培养慈善事业发展急需的、掌握扎实的学科知识和实践技能的综合型人才，逐渐构建专本硕博联通的高精尖人才培养体制，为慈善事业的可持续发展提供源源不断的新生力量。探索建立公益慈善人才认定标准、认定办法和评价体系，建立慈善从业人员诚信监管制度和持证上岗制度，探索建立公益慈善人才库，在子女入学、公租房申请等方面给予倾斜政策。大力发展社区慈善，打造“五社”联动示范社区，在推进社区共建共治共享的过程中，不断吸收社区其他治理主体和居民群众参与社区公益慈善，不断发展壮大基层公益慈善人才队伍，助力高质量发展共同富裕示范区的建设。

第六，培养公民现代慈善观念。中国传统子承父业的财富观的改善需要适度地支持家族财富的代际继承，也需要大力弘扬正确价值导向。既要倡导先富群体树立慈善观念，又要推进慈善的全民参与。利用不同媒体工具和形式，促进传统慈善观念的现代化转型，提倡“有私奉献[①]”的慈善观念，倡导便民参

① “有私奉献”是西方国家奉行的慈善观念，能极大激发公民捐赠热情，是慈善事业的动力源泉。政府对公民捐赠的奖励既可以是物质层面的（税收优惠），也可以是精神层面的（捐赠声誉）。相比于无私奉献，有私奉献的慈善观念在社会主义市场经济体制下更具有现实性和可行性。

与的“微慈善”等活动，促进全民慈善。要把现代慈善理念加入公民教育当中，在大中小学甚至幼儿园开展公益慈善教育，将志愿服务纳入学校毕业考核，引导青少年参加公益慈善活动，逐渐将慈善内化为公民自觉自愿行为。同时，强化家庭教育中的慈善意识培养，提倡父母起到榜样作用，积极创造青少年同社会弱势群体接触的机会。

第七，推动慈善力量参与乡村振兴。积极引导慈善力量参与乡村振兴建设，发挥慈善组织“助人自助”的功能，注重发掘乡村内生力量，建立乡村振兴的长效机制，实现乡村本土力量的可持续运营。慈善组织要拒绝“活动”思维、“作秀”思维，以能够有效解决区域问题的项目为载体参与乡村振兴，引导公益慈善资源、市场资源要素向乡村流动，实现城乡资源要素融合，更多地为乡村发展赋能，扎实推进共同富裕①。

① 袁彦鹏、楼喻刚、钱晨波，《2022—2023年浙江慈善事业发展状况评估与分析》，《2023年浙江蓝皮书：2023年浙江发展报告（社会卷）》。

参考文献

蔡文秀，2022. 形势·机理·路径：中国社会保障助推共同富裕的理路分析 [J]. 鲁东大学学报（哲学社会科学版）(1)：71-79.

陈建辉，余娟清，2019. 机关事业单位养老保险制度改革的收入再分配效应 [J]. 山东农业工程学院学报，36 (1)：96-99.

陈开思，王晓宇，2015. 机关事业单位养老保险制度改革的财政压力测试 [J]. 中国市场 (42)：160-163.

陈宇鸿，2015. 公共卫生与基层医疗卫生事业单位绩效工资分配制度的研究 [J]. 财会学习 (18)：211.

陈悦，陈超美，胡志刚，等，2014. 引文空间分析原理与应用：CiteSpace 实用指南 [M]. 北京：科学出版社.

陈悦，陈超美，刘则渊，等，2015. CiteSpace 知识图谱的方法论功能 [J]. 科学学研究，33 (2)：242-253.

陈支武，2008. 企业慈善捐赠的理论分析与策略探讨 [J]. 当代财经，281 (4)：68-72，104.

陈卓诣，丁福兴，2017. 职业年金制度的公平性问题探析：以机关事业单位养老保险改革为例 [J]. 劳动保障世界 (9)：7，11.

丛屹，陈琦，2022. 产业数字化降低了劳动报酬占比吗？[J]. 天津财经大学学报 (10)：3-19.

杜鹏程，徐舒，吴明琴，2018. 劳动保护与农民工福利改善：基于新《劳动合同法》的视角 [J]. 经济研究 (3)：64-78.

樊毅，王洁，2020. 湖南省城乡居民基本养老保险养老金替代率的实证研究 [J]. 湖南财政经济学院学报，36 (5)：12-21.

范围，2014. 日本劳动关系“三支柱”的形成、变革与展望 [J]. 国家行政学院学报 (1)：108-112.

房国荣，2016. 机关事业单位养老保险制度改革后的问题分析与对策 [J]. 人力资源管理 (11)：235-236.

费凤霞，2008. 我国个人所得税的流失及治理对策研究 [D]. 北京：首都经济贸易大学.

付功伟，2004. 中国税制改革研究 [D]. 北京：清华大学.

干沁雨，2013. 拉克尔系数与收入分配制度改革初探 [J]. 经济体制改革 (5)：178-180.

高和荣，薛煜杰，2019. 基本养老保险全国统筹面临的挑战及其应对 [J]. 华中科技大学学报（社会科学版），33 (1)：29-34.

高和荣，张爱敏，2014. 事业单位养老保险改革的财政可持续研究 [J]. 苏州大学学报 (1)：34-35.

高鉴国，2010. 美国慈善捐赠的外部监督机制对中国的启示 [J]. 探索与争鸣，249 (7)：67-70.

高杰，2014. 机关事业单位养老保险制度改革探析：以养老金并轨为视角 [J]. 延边党校学报，30 (5)：90-93.

谷成，2010. 税收与收入分配：基于发展中国家个人所得税的思考 [J]. 经济管理，32 (7)：153-159.

谷彦芳，陈烁琦，李长卿，2018. 机关事业单位养老保险制度并轨成本化解的新思路 [J]. 劳动保障世界 (35)：34，40.

郭晓丽，2015. 个人所得税调节城镇居民收入再分配效应研究 [J]. 财经问题研究 (6)：71-77.

郭晓奇，2019. 社会公平视角下养老金并轨的基层困境与对策分析 [D]. 天津：天津财经大学.

郭瑜，2015. 机关事业单位养老保险改革的替代率测算 [J]. 保险研究 (4)：79.

韩凤芹，周孝，2021. 科研院所绩效工资总量管理的改革创新 [J]. 行政管理改革 (7)：82.

郝丽，张玉梅，2017. 机关事业单位养老保险制度改革中“中人”改革障碍分析及对策探究 [J]. 法制与社会 (9)：45-46.

何文炯，潘旭华，2021. 基于共同富裕的社会保障制度深化改革 [J]. 江淮论坛 (3)：133-140.

何文炯，2018. 基本养老金：全国统筹与制度完善 [J]. 中国社会保障 (1)：41.

何文炯，2021. 优化社会保障　促进共同富裕 [J]. 政策瞭望 (12)：37-40.

何宪，2021. 科研单位工资收入分配制度研究 [J]. 中国科技论坛 (4)：44-54.

何秀，2020. 职业年金与企业年金的比较分析 [J]. 商场现代化 (4)：63-65.

贺宏，2018. 慈善捐赠所得税扣除的制度思考 [J]. 税务研究 (3)：114-117.

侯玉波，葛枭语，2020. 收入不平等与收入再分配对幸福感的影响：基于社会认知视角 [J]. 北京大学学报（哲学社会科学版）(1)：150-160.

胡静，2019. 上海市机关事业单位养老保险并轨改革的优化研究 [D]. 上海：华东政法大学.

胡珊珊，杨琴，2015. 完善费用扣除对个人所得税的影响研究 [J]. 老区建设 (6)：13-14.

胡祖才，等，2021. 中国居民收入分配年度报告 2020 [M]. 北京：社会科学文献出版社.
黄丽，罗锋，刘红梅，2017. 城乡居民基本养老保险制度的可持续发展：福利效应、财政能力与模式优化 [M]. 北京：中国农业出版社.
惠铭生，2015. 养老金并轨成功，还要迈过多道坎 [J]. 金融经济（3）：14-15.
纪园园，宁磊，王敬博，等，2022. 养老保险缴费的收入分配效应研究 [J]. 数量经济技术经济研究，39（7）：133-151.
贾丽萍，2017. 我国机关事业单位养老保险并轨现存阻碍及对策建议 [J]. 经济纵横（7）：47-53.
江希和，2007. 有关慈善捐赠税收优惠政策的国际比较 [J]. 财会月刊，445（21）：73-75.
焦建国，2001. 个人所得税潜力分析 [J]. 税务研究（2）：27-32.
鞠秋瑾，2004. 中国基本养老保险的公平问题研究 [D]. 大连：东北财经大学.
雷针，高传胜，2019. 我国社会养老保险的收入再分配功能研究 [J]. 中国劳动（5）：37-45.
李云蕾，2018. 我国人口老龄化背景下养老保险制度研究 [J]. 现代管理科学（3）：112-114.
李飚，李航，乔丹，2021. 养老金“并轨”对机关事业单位养老待遇的影响研究：基于养老金替代率的分析 [J]. 保险研究（7）：111-118.
李慧，2020. 新冠肺炎疫情下公益性捐赠税收优惠政策探析 [J]. 税务研究（4）：123-126.
李晶，王珊珊，2020. 社会资本慈善捐赠的所得税激励政策探究 [J]. 税务研究（8）：120-123.
李晶晶，2019. 浅析收入再分配之经济法调节 [J]. 新商务周刊（15）：1，3.
李培，丁少群，2016. 新型城镇化过程中养老金并轨能缩小收入差距吗：兼论机关事业单位养老金改革 [J]. 当代经济科学（7）：61-72.
李三梅，高蕾，2018. 我国公务员养老保险制度改革分析 [J]. 劳动保障世界（2）：15-17.
李实，等，2020. 国民收入分配与居民收入差距研究 [M]. 北京：人民出版社.
李实，朱梦冰，2022. 推进收入分配制度改革　促进共同富裕实现 [J]. 管理世界（1）：52-61，76.
李维安，王鹏程，徐业坤，2015. 慈善捐赠、政治关联与债务融资：民营企业与政府的资源交换行为 [J]. 南开管理评论，18（1）：4-14.
李晓晟，白思源，2017. 机关事业单位养老保险基金收支缺口问题与对策研究 [J]. 现代商业（5）：47-48.
李云蕾，2018. 我国人口老龄化背景下养老保险制度研究 [J]. 现代管理科学（3）：

112-114.

李贞，莫松奇，郭钰瑛，2021. 我国慈善捐赠税收政策体系的完善研究［J］. 税务研究（2）：127-132.

林俏，2018. 机关事业单位与企业养老保险并轨法律对策研究［J］. 当代经济管理，40（2）：92-97.

林欣，曾盛聪，2015. 养老金并轨下机关事业单位养老保险制度改革的困境与思路［J］. 内蒙古师范大学学报（哲学社会科学版），44（3）：134-137.

刘桂莲，房连泉，2020. 典型国家的非缴费型与缴费型养老金制度融合设计研究［J］. 华中科技大学学报（社会科学版），34（3）：27-35，44.

刘欢，2014. 对事业单位养老保险与企业养老保险并轨的研究［J］. 经营管理者（5）：20-25.

刘娟，2018. 我国机关事业单位养老保险并轨现存阻碍及措施［J］. 现代经济信息（9）：62，64.

刘军伟，郑小明，2009. 我国企业慈善捐赠的理论渊源与现状研究［J］. 企业经济（7）：97-100.

刘阳，彭雪梅，王东明，2018. 延迟退休年龄对青年就业的影响：基于挤出和产出效应的比较研究［J］. 保险研究（2）：117.

路佳，2018. 河北省机关事业单位养老保险制度改革困境与突破［J］. 合作经济与科技（23）：186-187.

罗娟，彭伟辉，2022. 共同富裕目标下我国收入分配结构优化路径［J］. 经济体制改革（1）.

吕光明，等，2021. 中国居民收入分配份额变动与公平优化研究［M］. 北京：科学出版社.

马伟，刘洋，杨潇，等，2017. 机关事业单位养老保险替代率问题探讨［J］. 统计与决策（14）：67-72.

欧梅，2018. 个人所得税调节城镇居民收入分配差距的效应分析［D］. 南昌：江西财经大学.

彭海艳，2011. 我国个人所得税再分配效应及累进性的实证分析［J］. 财贸经济（3）：11-17.

彭镇，彭祖群，卢惠薇，2020. 中国上市公司慈善捐赠行为中的同群效应研究［J］. 管理学报，17（2）：259-268.

曲顺兰，王丛，崔红霞，2016. 国外慈善捐赠税收激励政策取向及我国优惠政策的完善［J］. 经济与管理评论（5）：100-111.

曲顺兰，2017. 税收激励慈善捐赠：理论依据、作用机理与政策体系构建［J］. 财政经济评论（1）：91-113.

沈毅，2016. 机关事业单位养老保险改革：现状、难点及其突破［J］. 经济体制改革（3）：18－24.

沈滢潇，2017. “并轨”背景下机关事业单位养老保险制度改革研究［D］. 上海：上海交通大学.

宋高燕，邓宏图，2019. 制度变迁、再分配能力与收入不平等［J］. 浙江社会科学（8）：16－25.

苏晓丽，2018. 机关事业单位养老保险制度改革存在的问题与对策研究［J］. 兰州教育学院学报，34（11）：77－78.

孙胜梅，傅思聪，2021. 加快健全有利于共同富裕的社会保障制度体系［J］. 浙江经济（5）：25－27.

孙哲，王晓蕊，2022. 中日劳动要素价格扭曲测算及日本治理经验研究［J］. 海派经济学（1）：103－122.

谭中和，2019. 改革开放四十年我国工资收入分配改革的成就与展望［J］. 中国人事科学（2）：92－96.

汤贡亮，周仕雅，2007. 从税基的视角完善个人所得税制［J］. 税务研究（6）：28－31.

唐钧，2018. 建立中央调剂金是为了养老金一分不少［J］. 中国人力资源社会保障（8）：53.

童素娟，陈诗达，2014. 共享发展　共同富裕［J］. 浙江经济（2）：30－31.

童素娟，罗陈瑶，等，2022. 养老金并轨改革的收入再分配公平性感知研究：以中青年群体为主的实证分析［J］. 浙江树人大学学报（1）：36－44.

万莹，熊惠君，2019. 2018 年我国个人所得税改革的收入再分配效应［J］. 税务研究（6）：52－56.

王翠琴，田勇，2015. 城乡居民基本养老保险缩小了收入差距吗：基于湖北省数据的实证检验［J］. 农村经济（12）：74－79.

王翠琴，王雅，薛惠元，2017. 机关事业单位养老保险改革降低了“中人”的养老待遇吗：基于 10 年过渡期后“中人”养老金替代率的测算［J］. 保险研究（7）：115－127.

王军，郑玲，江若尘，2016. 民营企业慈善捐赠与财务绩效的因果关系研究：基于政治关联性与市场化程度调节效应的分析［J］. 山西财经大学学报，38（11）：103－114.

王晓沛，2014. 我国机关事业单位与企业职工养老保险制度并轨改革研究［D］. 石家庄：河北经贸大学.

王亚柯，李鹏，2019. 我国养老保险的收入再分配作用研究［J］. 学术界（1）：92－100.

王延中，侯慧丽，2012. 中国社会保障制度的再分配效应及公平性评价［J］. 北京：社会科学文献出版社.

王延中，2009. 中国社会保障制度改革发展的几个重大问题：对《中国的社会保障报告》的评论与建议［J］. 中国工业经济（8）：17－25.

王剑侯，2021. 在共同富裕示范区建设中开创慈善事业发展新局面［J］. 中国民政（17）：27，54.
韦璞，武学丽，程邦嘉，2016. 贵州人口老龄化现状及中长期发展趋势研究：贵州人口老龄化现状及中长期发展趋势研究课题组［J］. 人口·社会·法制研究（Z2）：22－41.
韦小超，2018. 养老保险仅靠制度并轨无法解决不公平［J］. 劳动保障世界（8）：33－34.
文太林，2018. 后双轨制时代机关事业单位养老保险的困境与突破［J］. 当代经济管理，40（7）：92－97.
吴从慧，2013. 我国个人所得税家庭联合申报改革：基于费用扣除的思考［J］. 财会通讯（1）：41－43.
谢露，邓英雯，2016. 企业所得税改革与企业慈善捐赠：基于我国上市公司的经验证据［J］. 财政研究，398（4）：93－104.
熊亮，2019. 我国科研事业单位工资制度改革的趋势、脉络和建议［J］. 中国行政管理（3）：38.
熊通成，2021. 我国事业单位工资制度改革历史回顾与未来展望［J］. 秘书（5）：3.
徐大侃，2018. 事业单位养老保险并轨实施现状分析与应对措施研究［J］. 中国集体经济（15）：163－164.
徐薇，2015. 我国职工养老保险制度并轨若干问题研究［D］. 北京：首都经济贸易大学.
徐志强，吴芳，2015. 德国劳资共决制度立法及对我国构建和谐劳动关系的启示［J］. 中国劳动（4）：33－38.
许晨，2018. 机关事业单位养老保险并轨问题探析［J］. 现代经济信息（16）：37，39.
许红梅，李春涛，2020. 社保费征管与企业避税：来自《社会保险法》实施的准自然实验证据［J］. 经济研究（6）：122－137.
许建标，2022. 英国慈善捐赠的税收激励政策及其对我国的启示［J］. 财政科学（6）：83－92.
许炯艳，2016. 上海养老保险并轨制的实施困境与对策研究［D］. 上海：上海师范大学.
许晓丹，郭圣乾，2011. 基于事业单位改革试点的替代率分析［J］. 社会保障研究（5）：51－56.
薛惠元，宋君，2015. 机关事业单位养老保险改革降低了工作人员的养老待遇吗：基于替代率水平的测算与分析［J］. 经济体制改革（6）：177－184.
杨超，余桔云，2017. 养老金并轨后不同群体养老金水平、差距与调适［J］. 企业经济，36（8）：179－186.
杨虹，2010. 从城镇居民收入分配，看个人所得税改革［J］. 税务研究（3）：38－41.
杨立雄，2015. 并轨后的养老金制度改革［J］. 社会关注（3）：22－23.
杨琦，2016. 安徽省城镇职工养老保险并轨改革的困境与对策研究［D］. 合肥：安徽大学.
杨珊珊，2019. 机关事业单位养老金并轨对终身收入影响研究［D］. 合肥：合肥工业大学.

杨艳东，张铭哲，2020. 不确定风险下新就业形态劳动者养老保险研究［J］. 浙江工业大学学报（社会科学版）（2）：159－166.
杨燕绥，妥宏武，杜天天，2018. 国家养老金体系及其体制机制建设［J］. 河海大学学报（8）：30－37.
殷海清，2018. 机关事业单位养老保险改革问题研究［J］. 中外企业家，611（21）：234.
于宁，2020. 公共养老金保障水平研究（1997—2018年）：基于中国城镇职工公共养老金替代率的分析［J］. 创新，14（6）：34－42.
于新亮，张文瑞，郭文光，等，2021. 养老保险制度统一与劳动要素市场化配置：基于公私部门养老金并轨改革的实证研究［J］. 中国工业经济（1）：36－55.
于新亮，张文瑞，郭文光，等，2022. 养老金并轨对劳动力流动的政策效果和作用机制研究［J］. 财经理论与实践（双月刊）（1）：43－50.
余桔云，2015. 改革前后养老金替代率和公平性评估［C］. 江西财经大学（7）：7－10.
岳希明，徐静，刘谦，等，2012. 2011年个人所得税改革的收入再分配效应［J］. 经济研究（9）：113－124.
张艾，2018. 养老金并轨制下高校职业年金制存在的问题及对策［J］. 智库时代（42）.
张寒，2016. 并轨后的机关事业单位与企业职工基本养老保险代际公平研究［D］. 厦门：华侨大学.
张嘉敏，2018. 广东省事业单位养老保险制度改革研究［D］. 福州：福建农林大学.
张峻峰，刘媛，王春平，2020. 科研事业单位绩效工资改革现状及体现知识价值导向的薪酬制度探索［J］. 经济师（5）：255.
张利，余红剑，等，2015. 浙江省基层医疗卫生事业单位绩效制度实施现状与对策研究［J］. 宁波职业技术学院学报（1）：82－87.
张楠，邹甘娜，2018. 个人所得税的累进性与再分配效应测算：基于微观数据的分析［J］. 税务研究（1）：53－58.
张苏，李泊宁，2021. 人口老龄化与养老金可持续性研究进展［J］. 经济学动态（2）：126－142.
张文瑞，2020. 养老金并轨对公共部门员工流动性的影响研究［D］. 济南：山东财经大学.
张翔，宋寒冰，吴博文，2019. 收入、预期寿命和社会养老保险收入再分配效应［J］. 统计研究，36（3）：78－87.
张雪，薛惠元，2019. 机关事业单位养老保险终身替代率测算及敏感性分析［J］. 统计与信息论坛，34（4）：58－66.
张彦，李春根，2016. 企事业机关单位养老保险制度并轨后的公平性研究［J］. 财政研究（12）：50－63.
张煜，2018. 代际公平在基本养老保险并轨改革中的问题［J］. 现代营销（经营版）（6）：68－69.

张煜，2018. 代际公平在基本养老保险并轨改革中的问题［J］. 经济研究（6）：68-69.
赵琳，2018. 机关事业单位养老保险改革的现实困境与破解之道［J］. 现代经济信息（28）：111.
赵翎羽，2020. 我国个人所得税收入再分配效应实证研究［D］. 石家庄：河北经贸大学.
赵蓉英，许丽敏，2010. 文献计量学发展演进与研究前沿的知识图谱探析［J］. 中国图书馆学报，36（5）：60-68.
赵文君，2019. 调节收入分配促进社会和谐［J］. 现代商业（8）：184-185.
赵祖平，2019. 法国劳动关系协调机制及其变革：全球化及金融危机背景下的探究［J］. 行政管理改革（9）：87-95.
赵祖平，2017. 全球化及经济危机背景下的德国劳动关系协调机制［J］. 晋阳学刊（4）：95-106.
郑功成，2021. 建设高质量社保体系为走向共同富裕提供制度保障［N］. 光明日报，06-25.
郑功成，2010. 社会保障：调节分配收入的基本制度保障［J］. 中国党政干部论坛（6）：19-22.
周启藩，2021. 法国劳动者休息权法律保障机制研究［D］. 上海：上海师范大学.
周延，吴晔鲜，2017. 养老金替代率影响因素及其优化问题研究［J］. 经济体制改革（4）：35-41.
周亮，李劲松，2022. 践行“八八战略”推进“两个先行”谱写民政新篇［N］. 中国社会报，08-24（4）.
朱海龙，李泽诚，2022. 日本劳动关系协调机制及其对中国的启示［J］. 贵州社会科学（2）：60-67.
朱浩，2018. 从“身份区隔”到“公平共享”：养老金制度“并轨”的内在逻辑及政策选择［J］. 温州大学学报（社会科学版），31（6）：43-50.
朱晓晖，2015. 国外养老保障对西安市养老保障完善的启示［J］. 劳动保障世界（6）：14-15.
浙江省民政厅，2021. 加快构建新型慈善体系全面打造“善行浙江”助力共同富裕示范区建设［N］. 中国社会报，12-29（3）.
ANDERSONG，2010. The future of public employee retirement systems［M］. Oxford：Oxford University Press.
ASHER M，BALI A S，2015. Public pension programs in Southeast Asia：an assessment［J］. Asian economic policy review，10（2）：225-245.
BIRD R M，ZOLT E M，2005. The limited role of the personal income tax in developing countries［J］. Journal of Asian economics，16（6）：928-946.
BOADO-PENAS，et al.，2020. Automatic balancing mechanisms for mixed pension systems

under different investment strategies [J]. European journal of finance, 26: 277 - 294.

CASARICO, ALESSANDRA, 2001. Pension systems in integrated capital markets [J]. Topics in economic analysis & policy, 1 (1): 1 - 19.

CERIANI L, VERME P, 2012. The origins of the Gini index: extracts from Variabilitàe Mutabilità (1912) by Corrado Gini [J]. Journal of economic inequality, 10 (3): 421 - 443.

CHEN T, HALLAERT J J, PITT A, et al., 2018. Inequality and poverty across generations in the European Union [J]. IMF staff discussion notes, 18 (1).

CHRISTAINE L, 2016. Civil service pension schemes: an overview of EU member states [J]. Social Rights and Pensions for Civil Servants in Some EU Member States.

CREMER H, 2016. Social insurance with insurance markets and risk misperception [J]. Journal of public economics (12): 9 - 11.

FELDSTEIN M, 1974. Social security, induced retirement, and aggregate capital accumulation [M]. Journal of political economy, 82 (5): 905 - 926.

FORE D, 2001. Going private in the public sector: the transition from defined benefit to defined contribution pension plans [J]. Pensions Public Sect (1999): 267 - 287.

FULTZ E, RUCK M, 2010. Pension reform in central and Eastern Europe: emerging issues and patterns [J]. International labour review, 140 (1): 19 - 43.

HE L, SATO H, 2013. Income redistribution in urban china by social security system: an empirical analysis based on annual and lifetime income [J]. Contemporary economic policy, 31 (2): 314 - 331.

HUSTEAD E C, MITCHELL O S, 2001. Public sector pension plans: lessons and challenges for the twenty-first century [J].

KAKWANI, 1977. Measurement of tax progressivity an international comparison [J]. Economic journal (87): 71 - 80.

KOTERA G, OKADA K, 2017. How does democratization affect the composition of government expenditure? [J]. Journal of economic behavior & organization (5): 145 - 159.

KUZNETS S, 1955. Economic growth and income inequality [J]. The American economic review, 45 (1): 1 - 28.

LE GARREC G, 2012. Social security, income in equality and growth [J]. Journal of pension economics & finance, 11 (1): 53 - 70.

LEE K, JUNG K, 2018. Exploring institutional reform of Korean civil service pension: advocacy coalition framework, policy knowledge and social innovation [J]. Journal of open innovation: technology, market, and complexity, 4 (1): 14.

LINDNER S, BURDICK C, MESEGUER J, 2017. Characteristics and employment of applicants for social security disability insurance over the business cycle [J]. B. E. journal of economic analysis & policy, 17 (1): 1-17.

MANOR M, RATAJCZAK J, 2020. Shift to private pension system: the case of Poland and Israel [J]. Economics & business review, 6 (1): 82-102.

MARINI G, SCARAMOZZINO P, 1999. Social security and intergenerational equity [J]. Journal of economics (1): 17-35.

MEYER T, BRIDGEN P, 2018. Individualisation reversed: the cross-class politics of social regulation in the UK's public / private pension mix [J]. Transfer (1): 25-41.

MIRRLESSJ, 1971. An exploration in the theory of optimum income taxation [J]. Review of economic studies (38): 175-208.

MITCHELL O S, PIGGOTT J, 2008. Managing public investment funds: best practices and new questions [J]. Journal of pension economics and finance (3): 5-9.

MIYAZAKI T, KITAMURA Y, OHNO T, 2019. Income tax reforms and redistribution by age group: evidence from Japan [J]. Japanese economic review, 70 (1): 105-122.

MUSGRAVE R A, THIN T, 1948. Income tax progression, 1929—1948 [J]. Journal of political economy, 56 (6): 489-514.

OECD, 2005. Pension funds for government workers in OECD countries [J]. Financial market trends (262).

PARK S H, 2019. Between government unilateralism and corporatist bargaining: public sector pension reforms in the UK and Ireland, 2000s—2010s [J]. Japanese journal of political science, 20 (2): 1-18.

PERIS-ORTIZ M, et al., 2020. Economic challenges of pension systems: a sustainability and international management perspective [M]. Switzerland: Springer Nature Switzerland AG.

RUIZ J L, 2018. Financial development, institutional investors, and economic growth [J]. International review of economics & finance (3): 218-224.

SAMUELSON P A, 1958. An exact consumption-loan model of interest with or without the social contrivance of money [J]. Journal of political economy (6): 467-482.

SHARP K, LE BILLON P, ZERRIFFI H, 2019. Land reforms and voluntary resettlement: household participation and attrition rates in Malawi [J]. The journal of peasant studies, 46 (5): 956-982.

SØRENSEN O B, BILLIG A, LEVER M, et al., 2016. The interaction of pillars in multi-pillar pension systems: a comparison of Canada, Denmark, Netherlands and Sweden [J]. International social security review, 69 (2): 53-84.

WAGSTAFF A, VAN DOORSLAER E, 2001. What makes the personal income tax progressive? A comparative analysis for fifteen OECD countries [J]. International tax and public finance, 8 (3): 299 - 316.

YAKTER, 2018. The heterogeneous effect of diversity: ascriptive identities, class and redistribution in developed democracies [J]. European journal of political research, 2010: 1 - 25.

YAMAMOTO, KATSUYA, 2016. The reform of mutual aid associations in Japan: civil service employee pension reform in 2012 [J]. Asian social work & policy review, 10 (1): 5 - 20.

YANG T X, MITCHELL O S, 2005. Public pension governance, funding, and performance: a longitudinal appraisal [J].

后　记

本书是国家自然科学基金项目（71904176）和浙江省自然科学基金项目（LQ19G030002）的阶段性研究成果，也是近年来本人及团队研究成果的总结与回归，希望能给相关政府部门、同行学者以及相关专业学生一定的借鉴与启发。

2007 年 7 月，我从北京大学社会学系硕士毕业以后，入职浙江省公共行政与人才人事科学研究所（后并入浙江省人力资源和社会保障科学研究院）。在就职十年期间，我做了大量的劳动与收入分配相关的研究，为本书的研究奠定了良好的基础。2018 年 1 月，我由于家庭和个人原因正式入职浙江科技大学经济与管理学院工商管理系，高校相对自主的时间安排为我顺利开展学术研究给予充分自由和时间保障。两家单位在我成长过程中发挥了重要作用，感谢所有领导、同事、朋友给予我的帮助和关怀。特别感谢浙江省人力资源和社会保障科学研究院徐露辉院长，应建民、诸葛晓荣和黄志萍三位副院长，沈嘉贤副研究员，以及课题评审专家浙江省社会科学院公共政策研究所所长钟其研究员、浙江工业大学管理学院人力资源研究所所长翁杰教授对本书的贡献和建议。同时特别感谢北京大学社会学系教授、长江学者特聘教授邱泽奇教授和浙江省特级专家、浙江大学公共政策研究院执行院长金雪军教授两位老师为本书做序，感谢浙江科技大学经济与管理学院书记黎东升教授、院长董颖教授在学术研究道路上给予的指导和帮助。

在本书即将付梓之际，我要着重感谢我的研究伙伴。课题的完成不仅仅依靠个人的努力，更是研究团队通力合作的结果，也是政府实务部门和研究团队互动合作的成果。第一篇为初次分配与共同富裕：以工资收入分配为例。工资收入分配制度是收入分配制度改革的关键环节。按照高质量发展建设共同富裕示范区的要求，本篇深入研究当前浙江省工资收入分配现状与问题，并借鉴国外相关国家和地区的经验，提出深化收入分配制度改革、优化收入分配格局、合理增加劳动报酬等方面的对策建议。本部分为2022年浙江省人力资源和社会保障重点课题"共同富裕背景下工资收入分配制度研究"的成果。在研究过程中，浙江省人力资源和社会保障科学研究院及其评审专家为本部分的完善提出了宝贵的建议和意见，我所带的应用统计研究生唐寅、黄晓杰、王中浩参与了数据统计与分析、资料搜集与整理等工作。第二篇为再分配与共同富裕：以新个税和养老金并轨为例。个人所得税、社会保障是收入再分配的重要组成部分。本篇主要剖析浙江省新个税改革、养老金并轨改革的现状，建立相关模型探讨新个税改革、养老金并轨改革对收入再分配效应的影响，并提出针对性的对策建议。在研究过程中，我所带的应用统计研究生黄晓杰、马佳威、李彦佳对本部分研究做出了重要贡献，特别感谢浙江财经大学倪霓老师、浙江科技大学叶俊焘教授对本部分的指导和帮助。第三篇为第三次分配与共同富裕：以慈善捐赠行为为例。本篇梳理了慈善事业发展的研究演进与政策借鉴，分析浙江省慈善事业的基本现状、影响企业和个人慈善捐赠行为的因素，探讨慈善捐赠行为的收入再分配效应，最后提出促进第三次分配良性发展的对策建议。在研究过程中，我所带的应用统计研究生尹桐、黄晓杰、王中浩对本部分研究做出了重要贡献，特别感谢浙江省民政事业发展中心戴晓青的指导和帮助。全书的主要修改工作是我在中国农业出版社编辑指导下由国际商务研究生麻咏碧协助完成的。最后，感谢家人对我的照顾和支持，感谢亲朋好友对我的理解和支持，让我在生活上没有后顾之忧。

诚然，本书旨在贯彻"把论文写在祖国大地上"的科研理念，用实际行动为经济社会发展和广大人民群众服务，从实践经验中发现问题、解决问题。但是，鉴于本人学术能力和水平有限，在理论深度上仍需进一步挖掘，学术研究的意义和价值仍需进一步提升。这些问题和不足，我希望能在今后的学术研究中尽力弥补。另外，本书虽然经过了严格的编辑和审校，但难免会有瑕疵或不完善的地方，希望业内同行、专家学者、广大读者和各位师友给予谅解，并批评指正。

童素娟

2024年3月27日

图书在版编目（CIP）数据

优化三次分配助推浙江共同富裕示范区建设研究/童素娟著. --北京 ：中国农业出版社，2024. 6.
ISBN 978-7-109-32031-4

Ⅰ. F127.55

中国国家版本馆 CIP 数据核字第 2024V6H517 号

中国农业出版社出版
地址：北京市朝阳区麦子店街 18 号楼
邮编：100125
责任编辑：肖　杨
版式设计：小荷博睿　　责任校对：吴丽婷
印刷：北京中兴印刷有限公司
版次：2024 年 6 月第 1 版
印次：2024 年 6 月北京第 1 次印刷
发行：新华书店北京发行所
开本：720mm×960mm　1/16
印张：12.25
字数：215 千字
定价：98.00 元